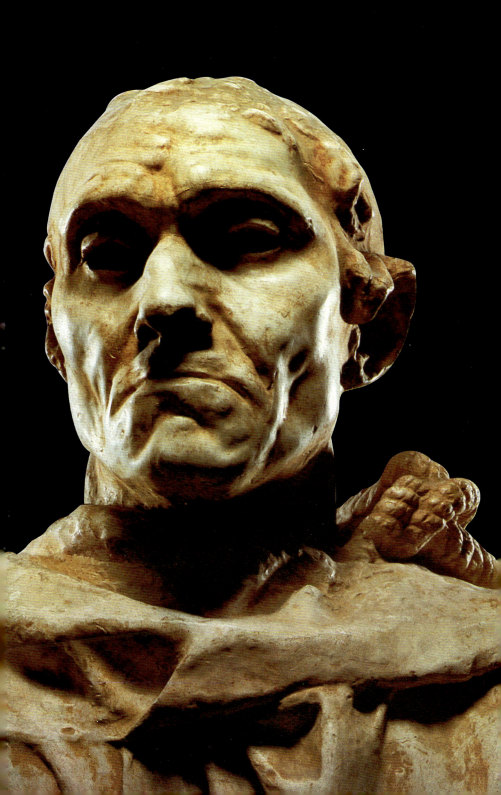

目 录

埃莱娜·比奈

1952年生。罗浮宫附属学校毕业后,即在博物馆任职。
1976年起负责罗丹博物馆摄影部工作。
她已发表多部作品:
《罗丹》《五位当代摄影家》《罗丹的摄影师》
《雕塑家罗丹及其同时代的摄影师》等。

罗丹

激情的形体思想家

［法］ 埃莱娜·比奈　著

周克希　译

吉林出版集团有限责任公司 ｜ 全国百佳图书出版单位

米开朗琪罗和拉斐尔是两位伟人，

你可能会说……他们并非可望而不可即。

当时我们还处于另一个世界，尽是幻影，

但我们已看见那些裸体塑像在皲裂，

头顶上的冠冕摇摇欲坠。

随后，当你停住脚步时，

就会想要穿透那深邃的黑暗，

尽力去看清命运为20岁时的你准备了些什么。

第一章

为艺术而生

罗丹的朋友、雕塑家富尔凯回忆：罗丹年轻时对生活充满憧憬，觉得贫穷算不了什么，从不气馁，也不嫉妒别人，始终有股勇往直前的劲儿。

弗朗索瓦-奥古斯特-勒内·罗丹（François-Auguste-René Rodin），1840年11月14日出生在巴黎的阿尔巴莱特街（rue de l'Arbaléte），排行第二。而11月14日可能是受洗的日子——孩子的姨妈说这宝宝是11月12日生的。

父亲让-巴蒂斯特（Jean-Baptiste）出生在诺曼底一个穷人家庭。他跟当时许多外省人一样，受了工业革命浪潮的激励，在1830年前后离开家乡到巴黎谋生，找到一份警察局雇员的差事。原配去世后，他娶了玛丽·谢弗（Marie Cheffer），两年后生下大女儿玛丽娅（Maria），罗丹比姐姐小两岁。

让-巴蒂斯特·罗丹来到巴黎后在一个修会里当过几个月杂务修士，然后才进入巴黎警署任便衣保安警察，1861年退休。他月薪1800法郎，维持全家生活颇为宽裕。小奥古斯特出生时，他38岁，妻子34岁。

一个"让人看不透的、不起眼的"孩子

每逢星期天，全家人在圣梅达尔教堂（Saint-Médard）做过弥撒以后，总要到植物园或郊区的克拉马尔（Clamart）散步。有时候，小罗丹的姨妈泰

玛丽·谢弗，祖籍法国东部摩泽尔省（Moselle）的戈尔兹（Gorze），后来随两个姐姐来到巴黎。1836年，29岁的玛丽嫁给让-巴蒂斯特·罗丹。夫妻俩都非常虔诚。对孩子的教育，他们一则强调"具有阳刚之气的坚强"，一则强调18世纪推崇的"礼貌谦恭，举止优雅"。罗丹的母系亲戚在择业时颇有艺术倾向：他的三个表兄弟后来分别当了镂版技师、画师和印刷技师。罗丹日后的名片，就是由亨利镂版并印制的，因为他有一家自己的印刷作坊。罗丹家经常迁居，但搬来搬去总离圣马塞尔区和圣雅克区不远。罗丹童年时代，巴黎的大街小巷如迷宫一样分布，实际上，1789年以来这些街路几乎没有发生过变化。

蕾丝（Thérèse Cheffer）也带着三个儿子一块儿来。这两家子常见面，罗丹与表兄弟奥古斯特、埃米尔和亨利始终非常友爱。

　　小罗丹跟其他男孩没有两样，就是看上去更内向一些，常独自沉浸在想象的世界中。"就我记忆所及，在久远的童年时代，我就开始画画了。母亲常去一家杂货铺买东西，老板用有字的纸来包东西，有时纸袋上不光有图画，还会有雕像哩。我就照样画下来。" 不知这段话是这位雕塑巨匠对自己真实经历的回忆，还是为了打发那些为他作传的作家，故意说的幼年即有夙愿之类的话？

　　其实，罗丹小时候眼睛近视很严重，又一直怕羞，并无特殊表现。他本来读的是教会小学。日后他说，那几年他在学校里什么也没学到。见儿子不成器，父亲就把他送到北部的博韦（Beauvais），安排他进一所寄宿学校，学校校长是小罗丹的叔父伊波利特。小罗丹的学业仍不见长进，既读不好也写不好，叔叔决定打发他回巴黎。当时罗丹14岁，是到了该选一门职业的年纪了。

勒科克·德·布瓦博德朗（左图）培养出一群杰出的画家和雕塑家。他说："一个真正的教师，是不会在学生面前以自己为榜样的，因为他愈是显得没有个性，就愈能让人感受到他鲜明的个性。"卡尔波（Carpeaux）有时也来修改罗丹的习作。罗丹说学生对卡尔波有一种"出自本能的喜爱"，预感到他会是个"了不起的人物"。

罗丹一心一意要学艺术，进了皇家绘画学校

小罗丹对自己的未来还没有一个明确的设想，闲暇时倒是常看书。他常去圣热纳弗埃芙图书馆（bibliothèque Sainte-Geneviève）。有一回，他在那儿看了几本介绍米开朗琪罗作品的书，当下茅塞顿开，他要以画画为生。但是父亲认为艺术算不得正经行业，一心想让儿子从事体面些的工作。小罗

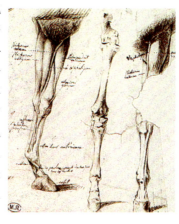

丹却怎么也不肯改变主意。母亲和姐姐也帮他说情，最后父亲让了步。14岁那年，罗丹进了皇家绘画学校（l'Ecole impériale de dessin）。这所学校通常被称作"小学校"，以区别于规模更大、名声更响的巴黎美术学院（école des Beaux-Arts）。

这所免费的皇家绘画学校，1765年由路易十五创立，1877年改名为国立装饰艺术学校（Ecole nationale des arts décoratifs）。创校的初衷是施行绘画教学，结果却培养了不少艺术工匠：细木工、雕刻工、铜饰匠和铸模工。话虽如此，在校长贝洛克（Hilaire Belloc）和教师勒科克·德·布瓦博德朗（Horace Lecoq de Boisbaudran）的努力下，这所学校在艺术界还是享有一定声誉的。勒科克·德·布瓦博德朗着力培养学生的观察力，要求他们凭

感觉抓住对象的主要线条和特征，鼓励学生师法大自然——巴黎美术学院接受这种观念，是很久以后的事。罗丹得此熏陶，认为自然光能最完美地显现形体，甚至断言雕塑乃是一门"外光艺术"。

罗丹结识了好些年龄相仿的年轻人。大家趣味相投，都希望自己日后能闯出一番事业。其中一些人果然是名垂后世，例如画家方丹-拉图尔（Henri Fantin-Latour）、勒格罗（Alphonse Legros）。学习雕塑的达卢（Jules Dalou）比罗丹高两年级，他和富尔凯（Léon Fourquet）是罗丹最要好的朋友。

罗丹在博物馆里临摹名作，并画了不少裸体习作（左页右下图）。后来，他接受巴里（Antoine-Louis Barye）的建议，仔细研究了动物的解剖结构（左页左下图）。

渴求知识的年轻人，以巴黎为大课堂

　　罗丹与同学们交往以后，很快意识到自己艺术修养不足，急需弥补，于是尽量利用巴黎所提供的免费进修场所——博物馆和图书馆。

　　他每天的日程排得满满的：上课前，先到洛泽（Pierre Lauset）家去画油画，这位画家是罗丹家的老朋友。8点到12点在皇家绘画学校上绘画课，通常在圆形大教室。"小学校"不像美术学院那样有真人模特儿，所以，基础课的主要内容就是临摹古典大师的作品。老师一星期只来几次，修改一下学生的作业。

　　下午，罗丹不是到罗浮宫去临摹古典大师的杰作，就是到皇家图书馆去看书。然后，他穿过塞纳河，到对岸的戈伯兰工场（Manufacture des Gobelins）去听吕卡（Hippolyte Lucas）的绘画课，在这儿就有真人模特儿了，但也要画石膏像。晚上，他把白天所见画在纸上。

　　光有熟练的绘画技巧还不够，罗丹深感自己

美术学院附属于法兰西研究院（i' Institut）向来敌视新潮流。美术学院的入学登记分成几步。先是"座位会考"，每半年一次，在进行入学登记的同时，确定学员在素描课上的座位。如果学生分不到好座位的话，整个学期就只能坐在模特儿背后画背部。在下学期开学前，学生们还得按学习成绩重新登记。只有在会考中得过奖章的学生，才能有固定的座位。下图描绘了评委讨论展品的场景。

在一般知识和文学知识方面都有待充实。他开始阅读文学作品，诸如古罗马诗人维吉尔（Virgile），法国作家雨果（Victor Hugo）、缪塞（Musset）、拉马丁（Lamartine）、米什莱（Michelet）和基内（Quinet）等人的作品。

"我第一次见到黏土，欢喜得仿佛飞上了天"

罗丹在学校的第一年只学绘画，对雕塑还一无所知。有一天，他无意中推开模型室的门，看见里面的塑像，顿时意识到这才是自己真正的事业。与19世纪的许多雕塑家一样，对罗丹来说，雕塑就意味着用黏土塑像，这种技巧他一学就会，而且感觉其乐无穷。他确信自己找对了路："我一段一段捏好手臂、头和腿，然后把它们拼成一个整体。我一下子领悟了人体的基本结构。"

1857年，罗丹的两幅临摹古典大师的作品先后获得头奖。17岁时，他在老师的鼓励下，准备考美术学院。对儿子的这种抱负，他父亲不知道是该鼓励呢，还是该抑制，于是带儿子去请教雕塑家曼德隆（Hippolyte Maindron）。这位雕塑家的作

罗丹这幅自画像作于1859年前后。当时，他的脸在意外事故中被窗玻璃划破了，留下一块很大的瘢疤，为此他后来蓄起了胡子。关于这幅画像，罗丹的传记作者朱迪斯·克拉代尔（Judith Cladel）这样写道："在这个腼腆的年轻人身上，有一种多么强烈而又不自觉的自信啊！没有胡须的脸蛋，还透着孩子气的前额，笔挺的鼻子，抿得紧紧的嘴唇，仿佛藏着他秘不示人的决心。尤其是那两道敛敛如弓的眉，眉宇间凝聚着不可摧毁的意志和力量。"这种意志和力量，在他父亲的胸像（左图）上也能看到：这尊塑像带有近似罗马立法者的威严。

品在沙龙展出屡获成功，是公认的大师。

黎的工地上雕塑随处可见。上图为人们修筑街道的情景。

罗丹把自己的绘画作品和石膏塑像——其中包括他为父亲塑的胸像，一般认为这是罗丹的第一件雕塑作品——用手推车送到曼德隆那儿。大师看后，当场肯定了罗丹的才华。得大师奖掖，罗丹信心倍增，随即报名参加美术学院的入学会考。

报考美术学院名落孙山

罗丹先后三次参加入学考试，次次榜上无名。朋友们觉得不可思议。其实原因也很简单。美术学院向来把大卫（Jacques-Louis David）的古典主义观念奉为圭臬，而罗丹所流露出的18世纪的艺术观念和行为方式，虽然在"小学校"里颇为流行，却是跟大卫的观念大相径庭的。

不遵照大卫派的规范行事，就意味不会接到订货。而对一个雕塑家来说，得不到订货就表示难以维持生计：工作室、材料要花钱不说，请人帮忙浇铸青铜件和上色，雇模特儿，配备助手，都得大把大把花钱。

放弃学业去做制坯助手

1861年，罗丹的父亲退休，退休金只有一点点。姐姐早就在一家圣器店帮工，现在罗丹也得分担养家责任了。

从1853年起，在拿破仑三世和建筑师奥斯曼（Haussmann）的推动下，巴黎经历了一场急遽的变化。奥斯曼扮演的角色，实际上相当于部长，他的意见有举足轻重的分量，足以左右政府如何修饰巴黎市容。重建及装修的工作计划中，包括竖立一批雕像，

Mon cher Auguste
au sujet du travail
Celui qui veut peut et arrive
à son but mais il faut
le vouloir sérieusement et par
ce moyen il arrive, faut une
volonté de faire c'est-à-dire
une énergie mâle et non femelle.
je crains que chez toi que tu soit
un peu poire molle, car tu te
laisses à ce que je puis croire aller
au découragement ce qui ne faut
pas au contraire il faut être énergique

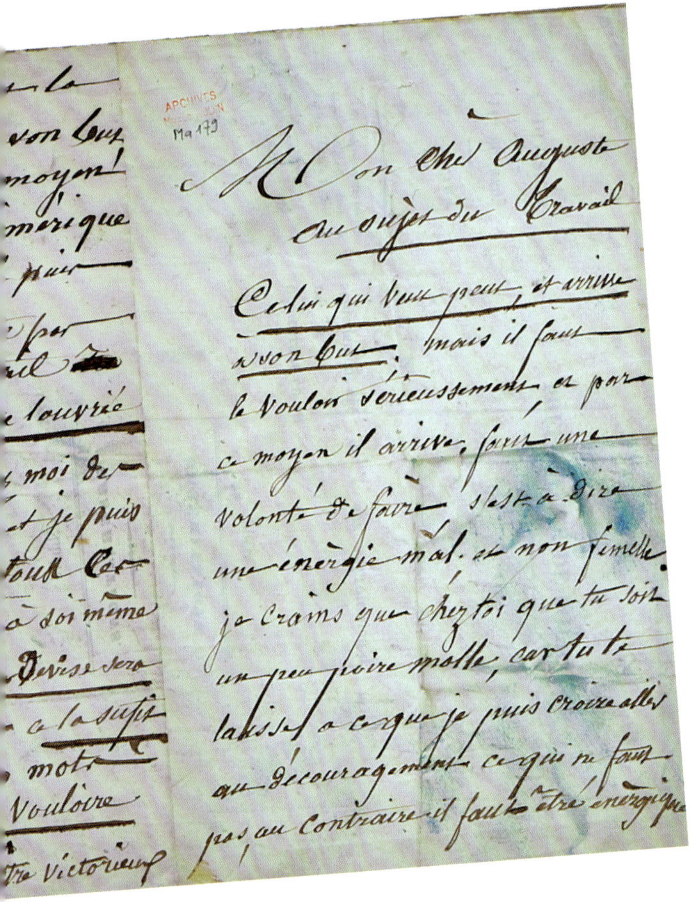

报考美术学院落榜后罗丹并没有一蹶不振，但情绪不免有些消沉。在一封“关于工作问题”的信（下图）中，让-巴蒂斯特·罗丹训诫儿子说：“有志者事竟成。你有点优柔寡断，在我看来，你是听凭自己消沉下去。”罗丹的同班同学富尔凯（左页左上图，左侧戴帽者）委婉地批评他说：“你跟其他那些人不同，你所缺少的并不是才能，而是显示才能所必需的毅力。”富尔凯预言：“你是为艺术而生的；我呢，只是为了把你脑子里萌生的想法，在大理石上雕凿出来而已。”后来，罗丹觉得当初没有受到美术学院的束缚真是“万幸”。

于是大批雕塑工场应运而生。

　　这几年工夫，罗丹辗转待了几
个工场。雇用过他的雕塑家有比埃
（Biais）、布朗什（Blanche）、
克律谢（Cruchet）和法尼埃尔
（Fanière）。昔日跟他同在"小

学校"受业的同窗，也都忙得不可开交：勒格罗为建筑设计画立体图；达卢为动物标本工场制作石膏模型；富尔凯去了马赛，参与修建隆香宫（Palais de Longchamp）的工程。

当时的罗丹，白天为别人干活，晚上为自己做雕塑。他最初的作品都是以周围的人为模特儿的。1860年征兵时，他运气极好，抽到一张免役签，因此不用去服兵役。不过，他的生活很少一帆风顺。

家庭悲剧如一场晴天霹雳般降临

姐姐玛丽娅由于爱情上受挫，进修道院当了见习修女。1862年，就在成为正式修女的几个星期前，她因厌世抱恨而终。罗丹受到很大刺激，沉浸在痛苦之中。他觉得自己也只能步上姐姐选定的这条路。于是他进了圣体隐修院（Très-Saint-Sacrement）。

隐修院院长埃马尔神父（Le père Eymard）很快就看出来，宗教生活并不适合这年轻人。他鼓励罗丹画画、雕塑，他知道唯有这样才能重新唤醒这个年轻人对生活的向往。埃马尔神父没有错。不出几个月工夫，罗丹就又回到世俗生活中——他知道自己真正独立了。

奥 古斯特与玛丽娅（左页图为摄于1859年的照片）感情甚笃。玛丽娅是弟弟的知心朋友，她理解弟弟献身艺术的志向，在父母面前袒护他。她有虔诚的信仰，常劝弟弟要敬重父母、笃信宗教。

埃 马尔神父非常善解人意，他把隐修院花园里的一间小屋安排给新来的年轻人作为工作室。神父是圣体隐修院的创建人，很受尊敬。罗丹为他塑了一尊胸像，但他不喜欢面部造型，觉得前额的几撮鬈发看上去像魔鬼头上的角。许多罗丹塑过像的人，对罗丹的表现手法多少有些微词。

为生计所迫，我学会了这一行的所有技能。
我在大理石上开料、打样、凿毛坯，
还在一个金银匠的铺子里加工首饰。
浪费了这么些时光，我想起来就觉得后悔。
要是把这些东敲西锤的努力集中起来，
应该是可以做出一件了不起的作品来的。
可是不如此我就难以维持生计。

第二章

贫困岁月

我在别人的工作室里不停地工作。那些像我一样，既没有政府的救济金又没有年金的人，只得四处打工。

罗丹

1864年的大事：第一个工作室……

"哦，我有了工作室！那是我永远也忘不了的，我在那儿度过了许多艰难的时日。

"鉴于我的经济状况，我无法找到更像样的地方，只能将就着租个马厩，地点在戈伯兰工场附近的勒伯伦街，年租金120法郎。这房子看上去还算明亮，也还比较宽敞，可以让我在雕塑时退后几步比较一下实物和作品。这样比较对我来说至关重要，我没有放弃过这种创作方法。

"窗子关不严实，大门木板变形，屋顶上的石瓦年久失修，四面八方都可以钻进风来，所以屋子里冷得刺骨。墙角凿了口井，屋子里一年到头都很潮。"

邂逅罗丝·伯蕾

罗丹1864年在一家剧院凿石像时，遇见了罗丝（Rose Beuret），她当时才20岁，在附近当裁衣女工。罗丹直到1866年1月18日儿子降生了，才把罗丝带到家里，介绍给家人认识。孩子沿用他的名字奥古斯特，但是他并不承认这是自己的儿子，而且绝口不提要让罗丝获得合法地位。尽管如此，罗丝对罗丹始终如一，陪伴了他53年之久。

罗丝在家里操持家务，同时充当罗丹的模特儿。《阿尔萨斯姑娘》那张严肃的脸，就是罗丝的写照。罗丹还以罗丝为模特儿，塑了一尊《酒神的女祭司》，可惜后来在搬迁时不慎摔破了。

罗丹这样描述他的伴侣兼模特儿罗丝："这位模特儿没有城里少女的妩媚动人，但有农家姑娘的健美体魄，生动、率真、果断，正是这种充满阳刚之气的神态，使女性的身体变得更美。……还应该加上这么一句，她随时准备把她的一切奉献给我，她一生都是如此。"长久以来，一般人都认为《戴蔷花草帽的少女》（左图）和《小姑娘》（右页左下图）是以罗丝为原型的，但其实并非如此。

进入卡里埃-贝勒斯工作室

在第二帝国时期的雕塑家中，卡里埃-贝勒斯（Carrier-Belleuse）以作风新潮而出名，是数一数二的爱出风头的人物。罗丹进了卡里埃-贝勒斯的工作室以后，有了一份稳定的工作，同时发现了一个不一样的世界。"在这儿，雕塑家的目标是让绝大多数的普通人感到欢喜，为达此目的，即便要牺牲艺术也在所不惜。"

卡里埃-贝勒斯的作品五花八门，从建筑物的装饰浮雕、人物胸像，到摆设用的小玩意儿，什么都有。他也是在"小学校"受的启蒙教育。他参与了当时所有大的工程：花神馆（Pavillon de Flore）、罗浮宫大陈列馆、巴黎歌剧院等。但罗丹进工作室后不久，就被指定专门塑一些小件的塑像，刻上卡里埃-贝勒斯的签名后放到市场上出售。"那时我对自己的工作室毫无兴趣。"他后来这么说。不过，在那样一位经商的雕塑家身边工作，他学到了两条终生受益的经验：一是如何组织一个人

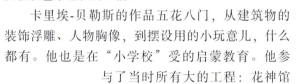

罗丹第一次参加沙龙展时，在展品目录中登记的身份是"巴里及卡里埃-贝勒斯的学生"。卡里埃-贝勒斯（上左）人称"19世纪做假行家"，其实是颇具才气的翻模高手和画家。他善于利用技术革新，制作了大量形形色色的锌版复制品，以低价售出。巴里（上右）是动物雕塑家，在博物馆任教。罗丹曾偕巴里的儿子去植物园画过素描。

员众多的工作室；二是如何从一件作品出发，派生出许多新作品来。一旦用黏土塑好了一尊小的塑像，不管是裸体或着衣，是簪着花或捧着水果，是戴着帽子或光着头，总可以再做成石膏的、青铜的或大理石的雕像。

《塌鼻人》在沙龙展落选

罗丹根据一位叫比比（Bibi）的模特儿，塑成胸像《塌鼻人》。他对这座胸像寄予厚望——这可是他第一次送去参展的作品。罗丹明白，要想改变当助手、凿石料的处境，参加沙龙展不失为一个很好的机会。在这"第二帝国的艺术家战场"上，人才济济，他们有机会碰见买主——国家和市政府的当权者，而官方的褒奖对这些买主又是大有影响的。能否在这儿一举成名，则是"由批评家的意见所左右"的。

通常，艺术家的"送展件"都是石膏制件，要到获得委托单后再翻制成青铜或大理石制件。批评家们认为比比的头像过于逼真，因而否决了它的参展资格。参展落选，比当年报考美术学院落榜更让罗丹难过。

战争岁月，罗丹出走比利时

1870年普法战争爆发时，罗丹30岁。他应征入伍，在巴黎被围的一段时间内当过兵。当时的大兵不

19世纪70年代，布鲁塞尔经历了一场变革，剧烈程度堪与第二帝国时期的巴黎相比。罗丹参加了交易所（右页下图）的内部装饰工程。他也为昂斯巴大道（Boulevard Anspach）制作过一些石像立柱。

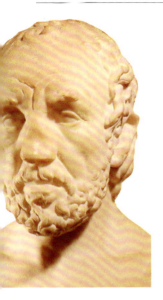

是无所事事地坐等军饷，就是靠巧取豪夺来维持生计。翌年1月巴黎沦陷后，他结束行伍生涯。

1870年秋，卡里埃-贝勒斯携全家搬到布鲁塞尔。他和他巴黎的助手范·拉斯布尔格（Joseph van Rasbourgh）等人，受命负责布鲁塞尔新建交易所的装潢工程。卡里埃-贝勒斯得知罗丹处境不佳，就为他办了赴比利时的通行证，邀他前来一同工作。

罗丹只身启程，留下罗丝、儿子和老父苦熬度日：当时饥饿笼罩着巴黎，房租贵得吓人。罗丹的姑母安娜（Anna）收留罗丹父亲同住，这时他父亲已经有些神经失常了。1872年罗丝赴比利时与罗丹会合之后，安娜继续抚养小奥古斯特。

罗丹离开工作室时，所有创作中的黏土塑像都留在那儿。罗丝的一项任务，就是照顾黏土，以免塑

德 布瓦（Jules Desbois）第一次到罗丹的工作室时，瞧见墙角地上放着的比比头像，对这个头像赞赏不已，请求罗丹借给他几天。"'拿去吧。'他非常大方地说。他有多谦虚啊！他那么有天分，却这么谦虚，又几乎有些害羞……太棒了！第二天，我带着这座头像到美术学院去。'来瞧瞧我找到什么啦。'我对同学们说，'快来瞧瞧这件古典杰作。这是我刚在旧货店里找到的。'大家都赞不绝口，一传十，十传百，全校的人都跑来看了。这时我对大家说：'嘿！这件作品是个叫罗丹的年轻人雕塑的，他三次报考美术学院都落榜；这尊被你们当作古代名作的头像，也在沙龙展中落选了。'"

像干裂。以后，只要罗丹外出离开工作室，他写给罗丝的信照例总是这样结尾："别忘了照顾塑像，可也别弄得太湿，我喜欢让它们稍硬一些"或者"一定要每天都去看看那些黏土"。

与卡里埃交恶，而天分渐渐展现

罗丹想要攒些钱，所以在晚上塑一些女性胸像，然后刻上自己的而不是卡里埃-贝勒斯的名字去出售。卡里埃知道后大为光火，不准罗丹再进他的工作室。一连几个月，罗丹只得节衣缩食，而且根本没法给家里寄钱。这时正是巴黎公社时期，巴黎再度被困。

幸好，卡里埃-贝勒斯回法国去了，交易所的装潢工程留给了范·拉斯布尔格。范·拉斯布尔格提议跟罗丹合作，打算由他自己负责比利时方面的制品，上面刻他的名字；运往法国的制品则由罗丹负责，并刻罗丹的名字。罗丹接受了这一提议，但仍然在做自己的雕塑，并把《苏兹翁》和《朵齐娅》等作品卖给了布鲁塞尔青铜协会。不久，他发现跟范·拉斯布尔格的合作其实是不对等的，于是1875年双方终止了合作关系。

逗留比利时的六年间，罗丹意识到了艺术世界并不局限于巴黎。当初在"小学校"求学时那种近乎饥渴的求知欲，那种永无餍足的好奇心，又回来了。每逢星期天，他都要跟罗丝一起参观大教堂，这些巍峨的建筑愈来愈吸引他了。住比利时这些年，罗丝和罗丹习惯了走上好长一程路，到附近的森林去散步。罗丹身上总带着书，但丁（Dante）的《神曲·地狱篇》是他最喜爱的。

罗丹也在布鲁塞尔展出了他的雕塑作品，那是1871年，他正式开始雕塑家生涯的日子。

罗丹有时会在一张纸上同时临摹出几幅古典作品。他不仅临摹中世纪作品，还有米开朗琪罗等人的作品。这些临摹画稿大有奇妙之处！看着这些画稿，实在难以猜透它们之间有什么联系。

难以抗拒意大利和米开朗琪罗无声的召唤

所有的艺术家早晚都会把目光投向罗马，罗丹也不例外。1875年底，他决定启程去罗马。

抵达罗马后，他在给罗丝的信中详述了旅途见闻，还特地提到他此行的真正目的："如果告诉你，我一到佛罗伦萨，第一件事就是去看米开朗琪罗的杰作，想必你不会觉得惊奇吧。"

在稍后的信中，他又解释："我满脑子都是在罗浮宫所见到的希腊雕像，因而一站在米开朗琪罗的雕像跟前，就不由得感到惶惑：这些雕像，与我先入为主认为是真理的那些东西，竟如此格格不入。"米开朗琪罗的雕像充满力度，与肃穆宁静的古希腊雕像形成鲜明的对照。旅途中，罗丹随时随地都在画速写，做笔记。

风波乍起：《青铜时代》被诬为以真人铸模而成

从罗马回到布鲁塞尔后的1875年夏天，罗丹开始埋头创作一件大型雕塑，准备送交沙龙展。他的模特儿奈伊（Auguste Neyt）后来谈到此事，说起初为了摆一个合适的姿势，着实费了些周折。原来罗丹对那种学院式的模特儿姿势大为恼火，根本不想看到那种故意隆起肌肉的模样。

《青铜时代》在布鲁塞尔的艺术家俱乐部展出了。见到这样一件完美的艺术品，有篇匿名的评论文章先写了些好话以后，笔锋一转，说什么这件作品是用真人的身体铸模的，这种手法为真正的艺术所不齿。

几个月以后，罗丹又把《青铜时代》的石膏件送交巴黎沙龙展要求参展。但比利时那篇文章的观点已经传到了巴黎。罗丹辩白说："要想从这些麻烦事

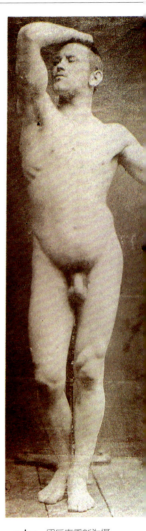

奈 伊后来重新为摄影师摆出《青铜时代》的姿势。右页左图为当时在布鲁塞尔和巴黎展出的石膏像；右页右图为青铜像成品，最后由国家收购。

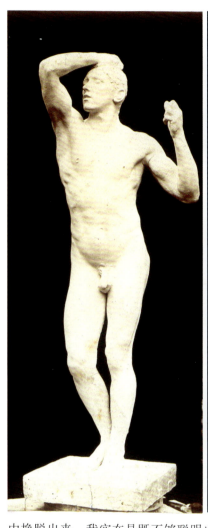

中挣脱出来，我实在是既不够聪明也不够伶俐。"
他把比利时艺术界的评论、模特儿本人和雕像的照片
都寄给评审委员会，并把根据真人制成的模塑件也寄
去，以便评审们可以拿来跟作品比对。可是他白费劲
了：评委会收到他的信后根本没拆封，更别说鉴赏那
件花了大笔运费的模塑作品了。

从《塌鼻人》可以
看出：罗丹对表
现脸部特征已有自己的
艺术主张。而《青铜时
代》则证明，他在雕塑
人体方面的潜力无穷。
里尔克

回到巴黎：前途黯淡，满目苍凉

这场风波平息后，罗丹想回巴黎；但他在巴黎已没有熟人，工作无着落。多亏富尔凯出面斡旋，卡里埃-贝勒斯的工作室总算又接纳了罗丹。回国时，他特意取道以大教堂著称的城市，例如亚眠（Amiens）、诺瓦荣（Noyon）、苏瓦松（Soissons）等。他年底返回巴黎，与罗丝、孩子和

有一天早上，有人敲了我工作室的门……一看此人，我马上觉得可以根据他来塑一座像——一个来自大自然、信仰虔诚的男子的像……

老父搬进圣雅克街的寓所。他当了塞弗尔（Sèvres）工场的一名编外经纪人，卡里埃-贝勒斯是这个工场的艺术工程总管。但这个职务薪资菲薄，罗丹得另谋活计补贴家用。

1878年在巴黎举行的万国博览会，是一次难得的机遇。罗丹受聘于勒格兰（Eugène Legrain）的工作室，负责特罗卡代罗宫（Trocadéro）喷泉的装饰工程。这期间，《施洗者约翰》问世，1880年与《青铜时代》同时展出。依据《施洗者约翰》的草图，他后来又构思了《男子躯体》，这件作品于1907年展出时，被评论家戏称为《行走的男子》（Homme quimarche），并以此名传诸后世。罗丹先后参与好些公家单位的招标活动，也为名人塑像，但均以失败告终。唯有《达朗贝尔》被市政厅采纳，作为市政厅重建后建筑的正面雕像。但罗丹因手脚利落而渐渐享有名气，在各个工作室里口碑都很好。罗丹自己说，他能"在几个钟头里捏出一座人体塑像来"。在《青铜时代》风波中，罗丹与几位艺术家结为至交。

这个农夫脱了衣服径直走上转台，看样子，他从来没给人当过模特儿。他微微抬起头，身子向右转过一些，摆出一副高傲的模样，两腿则像圆规似的张开。这个姿势真是太准确，太有特色，太像了！我情不自禁地喊道：'这是个行走的男人嘛！'我决定马上把我的感受表现出来。"《行走的男子》（左图）是一座无头无臂的雕塑，这种雕塑作品正如里尔克所说的："它什么都不缺。站在它面前，你会感到它的确是已完成的作品，没法再往上面加任何东西了。

呈现在我们眼前的，
先是《地狱之门》中肉体所受到的折磨、
情欲的狂热、生活的痛苦和死亡的恐惧，
接着是《加来义民》中历史的呐喊，
是《雨果》那自然力的骚动，
以及《巴尔扎克》中那复杂的人性。

米尔博（Octave Mirbeau）

第三章

"他是一切"

我们流连在成百上千件作品之间……目光不由自主地转向了创造出这个天地的那双手。

当时负责艺术事务的副
国务秘书蒂尔盖（Edmond
Turguet），经法尔吉埃
（Falguière）、卡里埃-贝勒
斯、夏皮（Chapu）、迪布瓦
（Dubois）等知名雕塑家游
说，相信罗丹确是天才，于是
代巴黎的卢森堡宫博物馆买下
了当时还有争议的《青铜时
代》和《施洗者约翰》。此
外，他决定起用罗丹为未来的
装饰艺术博物馆创作一件巨型
雕塑：一座纪念碑式的大门，
上面用浅浮雕来表现但丁《神
曲》的内容。

这个题材很可能是罗丹本
人选定的，他必然是想凭借这
个计划来证明自己的能力，摆
脱掉别人硬说他用真人铸模的
非难。

当时，不少文学艺术作品都援引但丁的诗篇，
如德拉克洛瓦（Delacroix）画了《但丁与维吉尔在地
狱》，巴尔扎克《人间喜剧》（*Comédie humaine*）的
总名几乎仿照《神曲》（*Divine Comédie*），卡尔波
雕塑的《乌哥利诺》也是一个例子，当然不会对罗丹
毫无影响。罗丹想用圆雕来展现但丁的诗篇。

首先得有一个至少高六米的工作室

学院街182号的仓库，专门用来堆放雕塑家们所
需的大理石料。仓库内辟有工作室，供取得政府订单

罗丹的《地狱之
门》起初设计
时，是由八块门幅构
成。看来，吉贝尔蒂
（Ghiberti）为佛罗伦
萨教堂设计的门框启发
了罗丹，但罗丹没有仿
照它的建筑构图，而是
根据形体间的关联进行
设计。

的艺术家使用。从1880年起，罗丹和奥斯巴赫（Joseph Osbach）在那儿合用一间工作室。随后，罗丹又获准使用两间毗邻的工作室。

每逢星期六，崇拜者络绎不绝地来到他的工作室，指着四散的断臂断腿，好奇地询问罗丹，怎么认得出哪条腿、哪个胳膊是搁在《地狱之门》中的哪个人物身上的。罗丹后来又有了几间宽敞的工作室，但始终保留着学院街这几间。

在一大堆已经完工的预购作品旁边，有这么一座纪念碑式的大门，门上一些裸体人像刚刚完成。……到过罗丹工作室的人，对这些已完成和正在制作的裸体塑像赞叹不已。大家异口同声地说，《地狱之门》会是19世纪的压轴之作。……罗丹没有什么名气，恐怕名气还及不上夏皮（Chapu）先生的1/4吧。这也是不无道理的。罗丹是位真正的艺术家。他对小团体避之唯恐不及，也绝少与外界打交道。……他只喜欢创作，创作真正了不起的作品。不仅他的朋友见了要赞赏，后人也能辨认出他作品中永恒的魅力。

米尔博

"但丁是诗人，是作家，还是个雕塑家"

"……我有整整一年泡在但丁的书里，把他写的八层地狱一一画出来。一年过去了，我才领悟：我的画离现实生活太远了。"这一百多幅画，先用中国水墨勾勒轮廓，再用褐色水彩颜料衬出阴影，以体现立体效果；对于但丁的原作而言，这些画已经不单单是解释性的插图，而是评论性的阐述了。

其中有些形象还只是直接表现但丁的原意，如弗兰切斯加（Francesca）、乌哥利诺（Ugolino）、地狱中形形色色的罪人，以及代表但丁本人的思想者。但罗丹很快就对这个题材做了展开，引进了一系列新的形象。从这些新形象，不难看出诗人波德莱尔（Baudelaire）对他的影响。罗丹想要创造一个世界，把人类的种种情感都淋漓尽致地表现出来。

罗丹已经招来庸人的非议，上图漫画就是讽刺罗丹和他的《地狱之门》的。

《地狱之门》的规模确定以后，罗丹先用木料搭成一个大骨架，然后以黏土和石膏塑出种种高浮雕、浅浮雕和圆雕的群体及个体形象。

《地狱之门》琢磨二十年，始终没有竣工

罗丹对于自己狂热的创作激情，始终不能也不愿加以抑制，因此他这件巨作永远也没有所谓完成之日。他随时会有新的构思，时而在一些雕像中加进一个小形

象，时而又把一些雕像拿掉，甚至把它肢解开来，在断臂断腿上发挥想象。

最后我们看到的《地狱之门》，并没有全部呈现出他想放进去的雕像。他当初想放进去的雕像太多了！这些雕像代表他灵感的轨迹，是他"雕塑生涯的日记"。两百多个形象置于整件作品之中，无所谓对不对称，环环相套，组成一个纠缠盘结的庞然大物。

罗丹决定砍掉许多人物。1900年展出的石膏模型中，几乎删除了所有的圆雕像。罗丹死后，《地狱

他的相貌普通，目光明亮，显得有些病态的红红的眼睛不时在眼睑下面眨动。他留着泛黄的长胡子，平头，脑袋圆圆的，看上去执拗得很——这样一个人，令我想起耶稣基督的门徒。

贡古兄弟
《日记》

两个躯体愈来愈近了，终于接触，直到迫不及待地融成一体。这就好比两种化学物质，一旦靠得很近，就会合成一种新物质。

里尔克

《地狱之门》

罗丹设计了几百件手掌大小的人物塑像，表现了形形色色的激情，表现了满足欲望的欢欣与自觉罪孽深重的惭愧。他创造的许多躯体，像群野兽般咬咬扭缠在一起，又如重物般往深渊里坠落。这些躯体……环环相扣，看上去仿佛花环与蔓枝。一串串沉重的人体，脱离痛苦的根蘖，升起充满活力的罪之津液。

里尔克

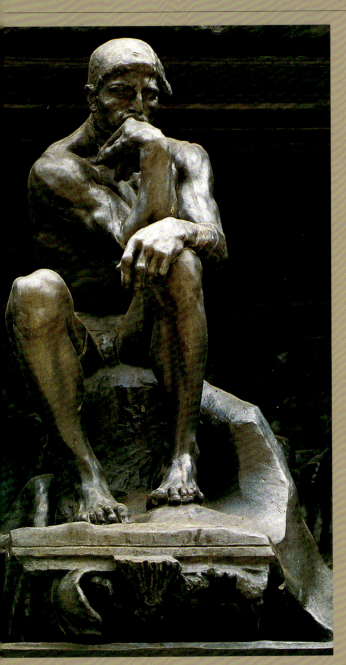

《思想者》

他坐着，若有所失而又沉默不语，神态和思想都显得那么沉重。他用全部的力量——一个行动者的力量——在沉思。他的整个躯体仿佛一颗头颅，周身血管里流的血则成了脑髓。

里尔克

之门》是由巴黎罗丹博物馆第一任馆长最后定型的。
1926年，应美国费城罗丹博物馆之邀，这件巨作浇铸
成青铜雕像陈列在该馆。

　　把《地狱之门》中的雕像一件件分开来看时，
每件都具有生命力，可以独立存在：《思想者》《三
幽灵》《痛苦》《蹲着的女人》《当年的美人奥尔米
爱》《乌哥利诺》《亚当与夏娃》《我是美丽的》
《逃逸的爱神》《跪着的农牧神》……

　　其中有些塑像为创作其他作品提供了素材。例
如《回头浪子》《保罗与弗兰切斯加》《逃逸的爱
神》和《痛苦》，就都衍生自乌哥利诺的一个儿子的
形象。每个塑像都可以放大、缩小或加以变形。

　　《地狱之门》中的这些形象，组成一座丰富的
形体宝库，是罗丹一生的创作泉源。

雕塑《夏娃》（上图）的模特儿是位意大利女人。为这尊雕像摆姿势时，她已怀孕，所以罗丹不得不一次次修改线条。44页下图是《乌哥利诺及儿子们》。本页左图为《亚当》，这形象也出现在《地狱之门》里。44页上图则是《当年的美人奥尔米爱》。

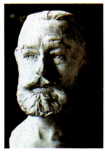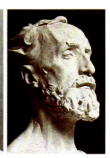

罗丹成为19世纪80年代巴黎炙手可热的人物

　　艺术家的创作生涯是跟世俗生活分不开的。生性怕羞焦躁、时时有种病态的罗丹，也未能免俗。经常可以看见他出入一些时髦的沙龙：例如夏庞蒂埃夫人（Madame Charpentier）府邸的沙龙，这儿的常客有龚古尔（Goncourt）兄弟、都德（Alphonse Daudet）、于斯曼、左拉（Emile Zola）；又如亚当（Juliette Adam）府邸的沙龙，这是个政治色彩浓厚的沙龙，罗丹在这儿碰到多位政界要人。

　　众多评论家用生花妙笔来为罗丹的艺术打气。贝尔热拉（Emile Bergerat）自诩为第一位认识罗丹的记者。米尔博与罗丹的交情匪浅，有句俏皮话很能说明他们的情谊："罗丹了不起，但还得靠米尔博慧眼识英雄。"《艺术》（L'Art）杂志的编辑戈歇（Léon Gauchez）、《激进新闻》（L'Intransigeant）周刊的记者巴齐尔（Edmond Bazire）等人，都与罗丹很熟。

　　这一时期，他常去英国，住在友人勒格罗家里。

创作《地狱之门》的同时，还塑了胸像

　　这批胸像反映了他与作品的情谊。比起有报酬的委托件，罗丹更乐于免费为朋友塑像。他觉得在不

本页自左至右分别为艺术部部长普鲁斯特（他后来又做了装饰艺术联合会主席，非常支持罗丹），文学家、艺评家罗歇·马克斯，画家洛朗，罗丹在"小学校"的同学达卢。右页由左至右分别为激情跌宕、文笔恣肆的米尔博，卡里埃-贝勒斯，罗丹的挚友、画家夏凡纳（Puvis de Chavannes），智利外交官的妻子维吉尼娅夫人。维吉尼娅夫人的胸像在1888年沙龙展获得好评。

取报酬的情况下，可以更自由地大显身手。正如里尔克所说："人们的面容在他眼里不过是场景，他身临其境，一切都逃不过他的眼睛。"由罗丹塑过胸像的人，包括阿盖特（Maurice Haquette）、勒格罗、卡里埃-贝勒斯、达卢、贝克（Henri Becque）、亨莱（W.E.Henley）、普鲁斯特（Antonin Proust）、德瓦弗兰（Omer Dewavrin）、米尔博、马克斯（Roger Marx）等，不能一一列举。

　　巴齐尔建议罗丹再为一位当代名人塑个胸像，必可巩固他已响亮的名声。巴齐尔提了两个人选：一个是雨果，另一个是罗什福尔（Henri Rochefort）。雨果素来声称"大卫和安格尔（Ingres）之后……没人能为他塑造形象"，从来不肯为塑像而摆姿势，但他同意让罗丹上他家去。大作家我行我素，雕塑家只得委曲求全："雨果时而神情冷峻地穿过客厅，时而走来坐在房间里，表情专注地陷于沉思……我的创作原则是要时时把正在创作的作品，跟

　　尊好的胸像要显示出模特儿真实的精神风貌和典型的体态特征，表达他们隐秘的思想，深入他们的心灵，表现他们的长处和弱点，任何面具都得拉下……艺术家应该凭自己的敏感和悟性，成为一个启示者和预言者。

　　罗丹

模特儿加以对照。现在我无法按常规工作，只得在一
旁盯着他，匆匆地画速写。他连瞧也不瞧我一眼，但
总算赏脸没有撇下我走开——他对我还是客气的。我
画了很多颅部的速写，然后把塑好的胸像拿来比对，
最后总算把胸像塑成了。我真是竭尽全力了。"

工作室里的模特儿和助手

　　罗丹的工作室分工明确：翻模工把雕塑家捏出
的泥塑复制成石膏件，粗雕工在大理石上凿出轮廓，
标定关键点的位置，以便制坯助手按照石膏模型雕
凿。浇铸工匠的工作则比较独立，他可以同时为好几
个雕塑家工作。最后，由专门的工匠在青铜铸件上做
出铜绿的效果，这种工匠的工作也算是独立的——在
1900年前后为罗丹工作的利梅（Limet）就是如此。
模特儿是工作室中的主要角色，罗丹对模特儿的要求
很特殊：他宁愿聘用非专业的模特儿，这样的模特儿
摆出姿势来，往往不会落入职业性的俗套。

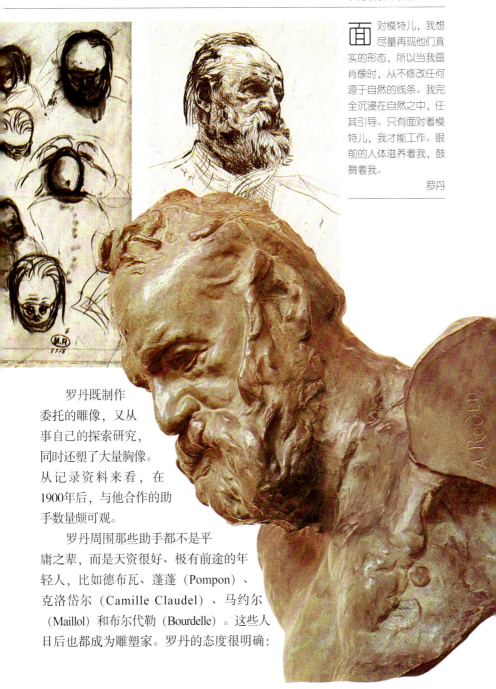

面对模特儿，我想尽量再现他们真实的形态，所以当我画肖像时，从不修改任何源于自然的线条。我完全沉浸在自然之中，任其引导。只有面对着模特儿，我才能工作。眼前的人体滋养着我，鼓舞着我。

罗丹

　　罗丹既制作委托的雕像，又从事自己的探索研究，同时还塑了大量胸像。从记录资料来看，在1900年后，与他合作的助手数量颇可观。

　　罗丹周围那些助手都不是平庸之辈，而是天资很好、极有前途的年轻人，比如德布瓦、蓬蓬（Pompon）、克洛岱尔（Camille Claudel）、马约尔（Maillol）和布尔代勒（Bourdelle）。这些人日后也都成为雕塑家。罗丹的态度很明确：

"我不带学生，但可以让他们当助手。"

年轻的女雕塑家卡米耶·克洛岱尔

　　1883年，罗丹代替布歇（Alfred Boucher）去给一班女学生上课，因此认识了当时19岁的卡米耶·克洛岱尔（Camille Claudel）。这位姑娘是保罗·克洛岱尔（Paul Claudel）——日后驰名的法国诗人——的姐姐。她不顾父母强烈反对，立志要当雕塑家。

　　见这位姑娘生得清新脱俗，才情不凡，上进心又强烈又执着，罗丹大为心动，很快就坠入情网。对罗丹来说，卡米耶既是情人又是工作伙伴，他与卡米耶能以平等的态度来讨论各种问题。他对罗丝的感情始终不减，但罗丝无法随罗丹社会地位的改变而有所改变。对"卡米耶小姐"（罗丹

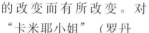

卡米耶·克洛岱尔在罗丹的工作室待了五年，与罗丹无话不谈，也常给他当模特儿。左图为她的脸部石膏像和《加来义民》中的一只手。右页图为《沉思》，"那张从浓睡中缓缓苏醒的汗涔涔的脸，晶莹明净，充满生命力（里尔克）"。

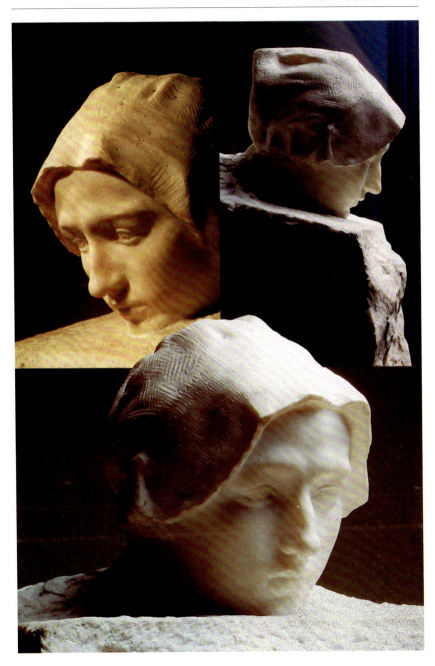

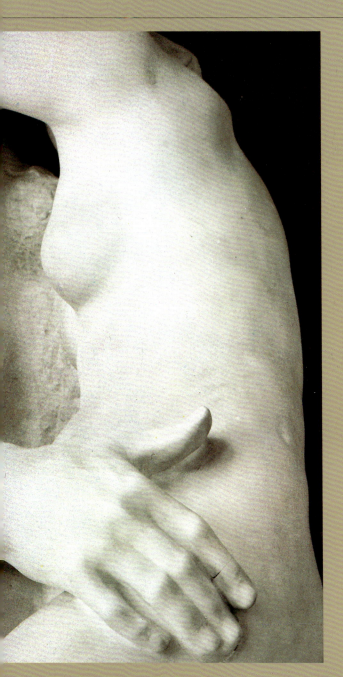

"这拥抱满含激情而又
无比纯洁……"

男人的头微微侧向一边，女人的头向上仰，两人的嘴唇相碰。这个吻使两人融为一体。罗丹的技巧出神入化，观众即使不看嘴唇的相接也能看到这个吻——这吻不仅表现在两张忘情的脸上，更表现在传遍两个颈背绷紧的躯体的颤动上，表现在男人那微凹而挺拔的背部肌肉的每一根纤维上——骨骼、肌肉、神经、筋腱，都在透露出一个"爱"字。这吻还表现在一条小腿上，这条腿缓缓扭转，以便触碰恋人的腿，表现在女人的脚上——随着她的整个身躯激情十足而又优雅异常地向上跷起，这脚也微微离地了。

热弗鲁瓦
(Gustave Geffroy)

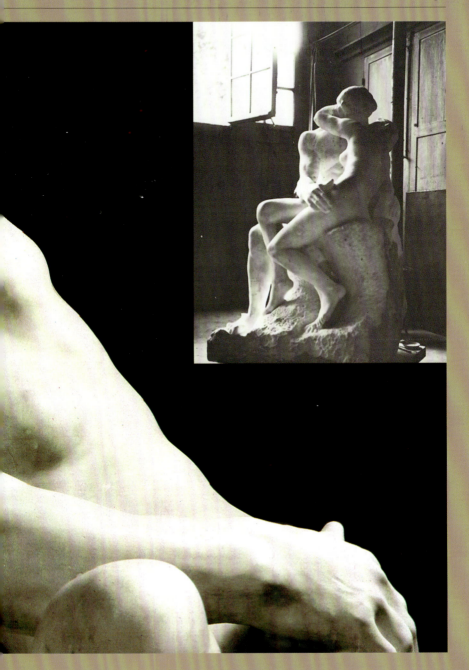

这样称呼她）来说，遇到比自己年长很多、深受自己敬爱的男人，她为此感到高兴。她没有料到，日后罗丹会给她的生活和创作带来烦恼和痛苦。

1885年起，卡米耶当了罗丹的助手。罗丹对她信任有加，让她独立雕塑一些习作，并把自己正创作的作品中若干手、脚的部分交给她完成。

"捏黏土这活儿难不倒她，她摆弄起石膏来那么驾轻就熟，凿起大理石既有劲又准确，甚至比罗丹还棒。"动物雕塑家蓬蓬当时在罗丹工作室当总管，见证了罗丹与卡米耶的两情缱绻，也目击他俩经常争吵。

卡米耶的脸庞与身体

卡米耶本来与父母同住，他们没有觉察到女儿的私情。但1888年以后，她住到了意大利街113号，离罗丹刚租下的佩伊恩园（Folie-Payen）很近。佩伊恩园原本是座13世纪的精美建筑，但这时已经衰颓破败，四周是荒芜的空园。两个艺术家就在这儿一起工作，悄悄相爱。

"卡米耶小姐"的脸庞和身体，时时出现在罗丹的作品中。《沉思》《黎明》《圣乔治》《法兰西》《康复中的女病人》都是以卡米耶为原型的，在《地狱之门》中也有她的影子。她的出现，修正了罗丹对女性的看法，女性形象在罗丹的作品中日益重要。

罗丹这一时期的许多作品，都歌颂了两性的情爱。《永恒的偶像》《吻》《永恒的春

罗丹很赏识卡米耶的才能，他常常说："我告诉她事物的精髓所在，而她所发现的精髓，却总是属于她自己的。"左图的《黎明》正是以卡米耶为原型的。

天》《占有》《逃逸的爱神》都是如此。这些作于1885至1896年间的雕塑作品，都以形体动作来表现崇高的爱情、肉体的情欲、欢悦的冲动与无法抑制的痛苦。罗丹也构思了若干颇为色情的形象，作为雕塑作品，其中有些确实是很大胆的，例如《蹲着的女人》《占有》《众神的信使伊丽斯》等。

历史的回响：《加来义民》

1884年，加来市（Calais）市长德瓦弗兰，要为加来城的英雄圣皮埃尔（Eustache de Saint-Pierre）建造纪念雕像。国家决定拨款资助，委任罗丹负责这项工程。罗丹读了史学家傅华萨（Jean Froissart）的《编年史》，才知道当年的英雄不止圣皮埃尔一位，而有好几位。这个题材激发了他的灵感，他决定为那六位加来义民塑像。他致信评委会："我有幸找到了一个喜欢的题材，我的作品将会是独树一帜的。"他还说："请不要担心经费的问题，能想到此类可以激发起爱国主义和牺牲

她的头微微前倾，带着一种宽容、高洁而沉毅的神情，仿佛在一个静夜里从高处凝视他。而他把脸贴在她的胸脯上，仿佛那是一片无垠的花丛。他也是跪着的，但身体比她低，低到陷进了石头的底座。他的双手反绞在背后，好似毫无价值的虚无之物。……整个作品有一种炼狱的意味。天堂近了，但还未到达；地狱相去不远，犹未能忘却。

里尔克

精神的题材，又能有这样的机会，是很难得的。"

罗丹第一份小样得到评委会的好评，但1885年7月提交的第二份小样，却使评委们失望。在他们看来，那几位加来义民的神态，显得过于沮丧："他们这种消沉的神态，跟我们的印象格格不入。"但市长支持罗丹，罗丹得以继续创作。

罗丹按照学院的习惯，先塑出六个人物的裸体像："而后我只要给他们罩上一层布就行了。在那下面颤动着的，是有血有肉的肌体，而不是冷冰冰的躯干。"1886年，正当罗丹着手完成雕塑并准备浇铸青铜像之际，整个计划却因经费问题而搁置，评委会也解散了。没有评委会的人啰里啰唆，罗丹于是可以按自己心意来完成这件作品了。他在圣雅克街租了个马厩，《加来义民》被安放在了里面，1895年举行纪念雕塑揭幕仪式时才与世人见面。

据 傅华萨的《编年史》记载，1347年，英格兰军队围攻加来市，英王爱德华三世表示"愿意宽恕全城百姓，但有条件：加来城必须选出六个有声望的市民，蓬首赤足，脖子上套着绳索，手捧城市和城堡的钥匙出迎。"在罗丹送给评委会的第一份小样中，六位加来义民是合在一起表现的。

19世纪80年代末的殊荣

　　罗丹被授予荣誉勋位，成为全国艺术联谊会的发起会员。国家委托他制作洛兰（Claude Lorrain）和雨果的塑像各一尊，为此他提交了两份方案。

　　1889年，万国博览会开幕，埃菲尔铁塔落成，大革命百年纪念活动也如火如荼展开。但艺术界最大的盛事，乃是莫奈和罗丹的作品联展，地点在乔治-珀蒂陈列馆（galerie Georges-Petit）。莫奈送了70幅画参展，罗丹则展出32件石膏塑像。

　　米尔博如此描述："在本世纪，这两位艺术家分别代表了雕塑和绘画这两种艺术。"

罗丹分别塑出每个义民，如此一来，这六尊塑像就可随意摆放了。左页左上图为裸体的让·德·埃尔（Jean d'Aire），上图左为皮埃尔·德·维桑（Plerre de Wissant）的石膏像，中图为坯子加装了管网准备浇铸的情形，右图为竣工后的青铜像。《加来义民》的创作整整花了五年时间。

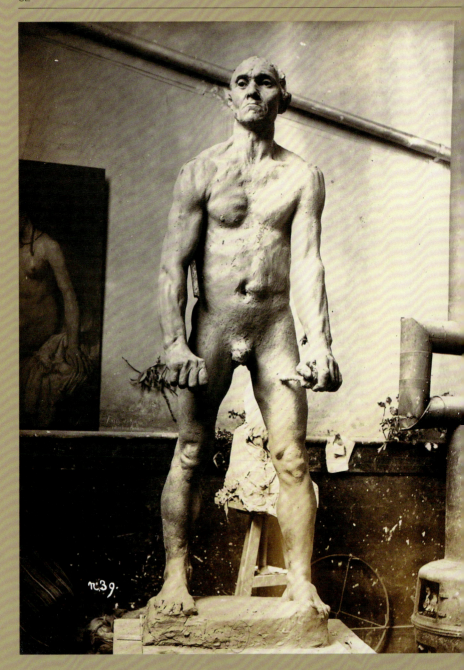

姿态与心境

左页图为裸体的安德里厄（Pierre d'Andrieu）塑像（创作中）。本页左图为穿衣的圣·皮埃尔塑像，上图则是一帧罗丹修改过的照片。罗丹与加来市长不时通信，以便让他了解创作的进度："裸体塑像已经完成，还有待给它们披上衣服。这裸体部分观众看不见，但却是最要紧的。"

倘若真理终将衰亡，那么我的
《巴尔扎克》注定要被后代砸成碎片；
而如果真理不朽，我便可以预言，
这座雕像将会永存于世。
世人之所以处心积虑贬低这座雕像，
乃是因为他们无法摧毁它。
《巴尔扎克》是我全部生命的结晶，
是我美学观念的轴心。
从构思这件作品之日起，
我就变成了另一个人。

第四章

"简洁是时尚"

未被沙龙展接受的《巴尔扎克》巍然屹立在默东的花园里（左页图），法尔吉埃的《巴尔扎克》代之参展。当时的人们为这尊雕像、罗丹本人，以及罗丹的《巴尔扎克》（由左至右），画出右图这幅极具讽刺性的漫画。

"多亏您，我才得以雕塑《巴尔扎克》"

"……周围笼罩着怀疑的气氛。因此我要尽全力来证明我是当之无愧的。"在1891年7月9日的一封信上，罗丹这样向左拉致谢。左拉当时是文化协会（Société des gens de lettres）主席；而巴尔扎克（Honoré Balzac）是该会创办人。文化协会为了向巴尔扎克致敬，决定为他塑像。在遴选雕塑家时，罗丹雀屏中选，而提名罗丹的人正是左拉。

罗丹立即动手搜集资料："巴黎图书馆中有几幅巴尔扎克的石版画，但都很小。我请人到图尔（Tours）博物馆，把一幅很棒的画照了下来；那儿还有一幅布朗热（Boulanger）的画……我仔细看了巴尔扎克的头像，以及有关他日常生活的重要资料。"他特地到布鲁塞尔去看巴尔扎克的手的石膏模。据说罗丹曾如此表示："万事俱备了，有了这只手，我就能塑出巴尔扎克。"

朋友们也帮了不少忙：摄影家纳达尔（Nadar）向他推荐一种达盖尔式照相法（daguerréotype），女作家奥蕾尔（Aurel）寄给他一张明信片，照片中有块岩石颇像巴尔扎克的身影；热弗鲁瓦告诉他，一家书店的老板长相酷似巴尔扎克。罗丹找来许多有关巴尔扎克的书刊。罗丹渐渐熟悉巴尔扎克的身影和个性，但这还不够。罗丹说过，他必须有模

罗丹为这座塑像花费了多年心血。他为此游览巴尔扎克的故乡，领略小说家笔下的都兰（Touraine）地区的风景，研读巴尔扎克的书信，揣摩名家留下的画像，在他的作品中一遍又一遍往来巡游。……全身心沉浸于巴尔扎克的世界中以后，罗丹就开始去塑造他的外貌了……

里尔克

渐渐地，罗丹的视野拓展开了。终于，他瞥见一个粗壮的身躯，迈着大步，往前垂下的外衣遮蔽了臃肿的体态。强壮的颈项上披着蓬乱的头发，乱发中显现出一张远望的脸。这张脸陶醉在这让他创造力沸腾的凝望之中：这是一张充满大自然力量的脸。这就是才思不断的巴尔扎克。……罗丹就这样在一个带强烈戏剧色彩的瞬间，瞥见了巴尔扎克，就这样塑造了巴尔扎克。幻象并没消失，它变成了作品。

里尔克

特儿才能工作，没有真人或实物在眼前，他不
会有任何灵感。

"对所有资料了若指掌，并不意味要模仿自然"

1887年以来，他每年夏天都要跟卡米耶一起去西部的安茹（Anjou）。这一年夏天，他除了想躲到那儿去安静一阵子，还想上巴尔扎克的故乡去找模特儿。到了安茹，他看准了一个外貌跟巴尔扎克很相像的邮差，当下画了多幅速写。

他找到当年为巴尔扎克做衣服的裁缝，定做了一套礼服，趁石膏模型尚未干透，把这件礼服套了上去。

他照例先塑一座裸体的圆雕像，从解剖学的角度细细琢磨一番。此外，他还分别塑了头像、胸像、躯体像，以及穿着僧侣斗篷的巴尔扎克、无头而穿睡袍的巴尔扎克等等。

"艺术是不能规定期限的"

罗丹狂热地工作着，但到了预定期限，作品还未完工。文化协会等得不耐烦了，在1894年10月致罗丹的信中，限定塑像必须在24小时内交付。罗丹通过新闻媒体做了答复，要求对方让他"在安静的、可以思考的环境中完成这件作品"。争执愈演愈烈，协会新任会长埃卡尔（Jean Aicard）竟因站在罗丹一边而被解职。鉴于这项工程已耗资1万法郎，罗丹说他愿在国库里寄存1万法郎，到交货之日再取

1896年8月19日，法国《时代》（*Le Temps*）杂志报道，罗丹经过反复试验，制作了多尊或裸体或着衣的小样以后，终于完工。"巴尔扎克站着，姿态有力而自然，两腿叉开，双臂抱在胸前。身上穿一种没有腰带的长睡袍，直直垂下，盖过脚背。"

回，而他估计交货日期是一年之后。左拉在旅途中写信提醒他："为了不负自己的名声而多加谨慎，固然理由正当，但《巴尔扎克》的荣耀不应受太久折磨。"

罗丹决定在1898年的沙龙展上以《巴尔扎克》石膏件参展，但遭否决

"文化协会不得不遗憾地申明，无法接受罗丹先生的《巴尔扎克》参加沙龙展。"这是协会向新闻界发表的声明。评委会取回了那1万法郎，把委托单转给另一位雕塑家法尔吉埃。

罗丹的朋友和崇拜者起草了一份抗议书，并且捐款赞助罗丹继续创作。自从1896年的德雷福斯（Dreyfus）事件以来，法国分成两派，当初的德雷福斯派成员现在几乎都成了《巴尔扎克》的支持者。罗丹怕这场论争会从艺术范畴延伸到政治范畴，弄得不可收拾，因而谢绝了所有热心人士的干预。他在一封公开信上写道："我盼望这件作品只与我个人有关。"他从沙龙展中撤回《巴尔扎克》，说这座雕像不会在任何地方竖立起来。塑像就那么放在默东宅邸的花园里，没有浇成青铜像。为了避免引起风波，罗丹甚至拒绝将这座雕像送去布鲁塞尔展出。每次感到自己不被理解时，罗丹宁可退后一步，不多辩解，让时间来证明自己是对的。

罗丹《巴尔扎克》的支持者中，有许多的艺术家和作家，其中包括剧作家马拉美（Mallarmé，上图）和画家莫奈。莫奈写信给罗丹说："让他们去叫嚣吧，这是您最成功的作品。"这场争论越出了艺术的圈子，在公众中也掀起了一场轩然大波。《巴尔扎克》1898年在沙龙展出现时（右页图），有人嘲骂它是肥惠、丑货、怪胎。

Cordialement à vous mon cher ami. Claude Monet

与卡米耶分手，犹未能忘

《巴尔扎克》进度落后不完全是因为罗丹需要时间，好让想法更成熟；他与卡米耶关系破裂，也令他十分头痛。

1893年，卡米耶住回意大利街113号。她没有与罗丹完全断绝往来，但两人不再同住。她一直希望能与罗丹正式结合，可是罗丹甩不下多年的伴侣罗丝。同年，罗丹偕罗丝搬到贝尔维（Bellevue），随后又迁居巴黎西南的默东地方（Hauteurs de Meudon），住进光泽别墅（villa des Brillants）。

罗丹仍念念不忘卡米耶，想尽办法要保持联系。两人分手以后，他仍帮助她，但由于卡米耶不愿接受他的任何帮助，所以这些帮助都只能通过第三者悄悄进行。1892年举办沙龙展时，他要求评委会主席把卡米耶为他塑的那座胸像列入参展作品："我不是

从1896年起，罗丹和罗丝（上右图）一起住进默东的光泽别墅（下图）。伊西城堡（château d'Issy）拆毁时，罗丹把拆下的外墙移到他的别墅。1900年的回顾展结束后，他在别墅边上仿建了阿尔玛陈列馆。

为自己提出这个要求的。我认为我有义务维护一位年轻艺术家的权益，凭她那无可置疑的才气，我这种要求完全理所当然。"1895年，罗丹请求穆雷（Gabriel Mourey）"帮帮这位我挚爱的天才（用这词一点不过分）姑娘"。卡米耶老是缺钱用，穆雷就让她给自己当了一阵制坯助手。

1898年莫拉尔特（Mathias Morhardt）写了篇文章称赞卡米耶，登在《法兰西艺闻》杂志上。卡米耶名声大振，在沙龙展中展出她的《小夏特莱娜》《圆舞曲》《窃窃私语》《浪》《克洛托女神》和《成年》。其中，《成年》可以说是她最具自我写照意味的作品。

卡米耶脾气变得乖戾，显露出被迫害妄想症的症状

她指责罗丹偷了她一件大理石作品，还威胁他说："别走进我的工作室。"罗丹和她共同生活的最初几年里，两人的创作风格的确相近，在某些作品上，确实很难说出他俩究竟谁从对方身上获益多些。两人分手时，卡米耶觉得自己被剥夺了自成一家的权利，觉得自己的精力被罗丹汲取去以滋养他的才情。分手以后，罗丹的创作生涯如日中天；而大家仍把卡米耶视为"罗丹的学生"，她怎么努力也无法消除别人的印象，变得愈来愈消沉。

从1905年起，她的妄想症愈演愈烈。据当时与她有接触的人说，她的健康每况愈下，性子变得很

罗丝对这个她称为"罗丹先生"的男人始终敬畏宽容，即使他在情感上并不忠诚。而卡米耶（左页左图）却容不得别人跟她分享爱情，更不许自己依附别人。她希望看到

罗丹在艺术上的成就仅仅受惠于她一人。她为罗丹塑的这座胸像（上图），罗丹非常喜欢。

坏，会亲手毁掉自己的作品，有时一连几个月不见她
踪影。

1913年，卡米耶的父亲去世，她则先被关进埃
弗拉尔精神病院（Ville-Evrard），而后又被转到蒙德
弗尔格（Montdevergues），在这儿一待就是30年。
最后，她在阿维农附近一所精神病院里去世。

《洛兰》《加来义民》《雨果》相继完工

1890年以后，罗丹的作品相对少了一些。《巴
尔扎克》犹未完工；《洛兰》纪念像几经周折，1892
年终于在南锡（Nancy）举行揭幕仪式。《加来义
民》的工程好不容易获准继续进行。不过，塑像的底
座问题又招来一场论战。依罗丹的意见，要么像15世
纪意大利雕塑家韦罗基奥（Verrocchio）的《科莱奥
纳》一样，做个高的底座，让雕塑中的六个人物衬托
在天空下；要么干脆做得"很低，好让观众一眼看清

罗 丹创作的《加来
义民》耸立在默
东的天际，座基很高，
这正是罗丹当年属意的
方式。

这件作品的主题"。结果评委会采取折中的办法。这"是个皆大欢喜的办法，我也无话可说"，罗丹不无苦涩地这么写道。

　　1895年6月15日，《加来义民》像举行揭幕仪式。仪式很隆重，搬出了当时的全套庆典礼数：有体操比赛、军乐队表演、热气球放飞、更少不了演讲和宴席。直到1924年，《加来义民》才安放在一个低的座基上。

　　1889年，罗丹应邀塑造一座雨果像。但因罗丹提交的草图是裸体的坐像，遭到否决，于是此事作罢。1891年6月，有关方面又邀请罗丹塑一座雨果像。罗丹制作的石膏像直到1897年才正式展出。最后的大理石雕像，则到了1909年才在旧王宫举行揭幕仪式。

在1897年的沙龙展上整座《雨果》纪念像首次展出。塑像表现的是雨果和两位缪斯女神（下图）。官方的揭幕仪式（左页下图）在1909年9月30日举行。早在1906年时，罗丹已决定不再雕塑《悲剧缪斯》和《冥思》，而把这两个素材用于《雨果》纪念像上。

"**我**确信，凭我的雕塑和我对雕塑的见解，
我是能对艺术事业有所贡献的。"
在《巴尔扎克》风波及与卡米耶分手后，
罗丹的人生出现了一个转折。
经济上既已宽裕，
他就可以全心安排自己的作品了。
他把最后的精力拿来建立纪念馆，
把自己所有雕塑作品和藏品都陈列在此。

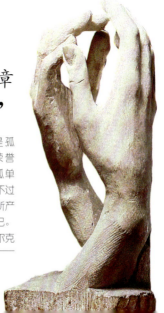

第五章

"荣誉降临"

罗丹成名前是孤
单的。当荣誉
降临，他也许更孤单
吧。名声这东西，不过
是一个新名字周围所产
生的误解之总和而已。

里尔克

在阿尔玛陈列馆举行回顾展

　　1900年6月1日，时任法国公共教育部部长的莱格（Georges Leygues）在阿尔玛陈列馆（Pavillon de l'Alma）主持罗丹作品回顾展开幕仪式。这是罗丹第一次在法国举办回顾展，共计展出168件雕塑作品，包括石膏、青铜和大理石等材质的；有早年创作的、新近创作的，还有他在创作过程中制作的"探索性作品"。展厅墙上挂着他的绘画作品，以及德吕埃（Eugène Druet）的71幅摄影作品。另外还举办了几场演讲，作家莫里斯（Charles Morice）和皮卡尔（Edmond Picard）等人，分别从不同角度探讨罗丹的创作道路。

　　这次回顾展意义重大，因为罗丹过去几次展出都在国外：1896年在日内瓦，与夏凡纳和卡里埃尔（Eugène Carrière）一同参展；1899年在布鲁塞尔；

罗丹随着他的展品跑遍了全世界。1902年在德国的科隆和德累斯顿举办展览以后，又在布拉格和摩拉维亚（Moravie）举办展览，获得空前的成功。在车站前，人群蜂拥而来以欢迎罗丹，大学生卸下马车的马，而把马车一路拉到罗丹下榻的旅馆。

而后由卡拉代筹办，分别在荷兰的鹿特丹、阿姆斯特丹和海牙等地展出。

展出成功，轰动全球，罗丹名利双收

这次回顾展，罗丹在经济上冒很大的险，不知展出的作品能否获利。展览结束后，他松了口气，写信给友人说："展览非常成功，而在经济上也没有亏损。售出展品收入20万法郎……各地博物馆差不多都买了我的作品。费城买下《沉思》，哥本哈根用8万法郎买下一个展厅的全部作品。汉堡、德累斯顿、布达佩斯……参观门票收入比预期的少，但展品卖得不错。"

巡回展出成功后，邀展的信函纷至沓来：德国杜塞尔多夫（Düsseldorf）、柏林，阿根廷的布宜诺斯艾利斯，日本东京——罗丹的作品周游了全球。其中最轰动的，要数1902年在布拉格的展出。

回顾展结束以后，罗丹让人在他的光泽别墅仿建了阿尔玛陈列馆。默东成了罗丹的圣殿。法国和其他国家的艺术家、大使、君王等名流，纷纷到这儿来

罗丹一来考虑到观众会从不同的角度来欣赏他的作品，加上对自己的雕塑作品要求极严，所以总会设计出奇特的方式，来突出作品效果。他把易碎的石膏模型，放在两米高的立柱上端，让模型看上去"像只栖息在高处的白色鸟儿"。

参观访问。1908年，英国国王爱德华七世大驾光临。

除了安排展览，罗丹也就雕塑和一般艺术发表很多观点。莫里斯把罗丹的谈话整理成文，以《大教

堂》为书名，于1941年3月印刷出版。该书甫出版时大获好评，但几个月后，却有人在兰斯大肆批评，罗丹极为恼火。

没有巨作问世，但创作仍源源不断

罗丹回头琢磨早期的作品，有的加工放大，有的浇铸成青铜件。他还创作了不同题材的作品，如风格奇特的夏凡纳纪念像，以及画家惠斯勒（James Whistler）纪念像。几座旷日持久的作品也终于完成：《雨果》于1909年举行揭幕仪式；《思想者》虽然早在1888年就已完成，不过那是小样，真正的巨型作品直到1904年才在沙龙展展出。这些展览依然在评论界掀起轩然大波。

在1906年4月21日的雕像揭幕仪式上，塞贡-韦贝尔夫人（Mme Segond-Weber）声情并茂地朗诵了雨果的作

品《斯苔拉》（*Stella*）。

委托单源源不断地涌进。有些人的说法是，1900年以后，在罗丹手下工作的助手多达50人。罗丹这一阶段的大理石雕像，风格都很怪异，有好些可以说是未完成的作品。在这些未完成的作品中，有些脸上会突然冒出一块没有雕凿过的地方，仿佛是有意保留一种原始风味似的。这类作品包括《上帝之手》《大教堂》和一系列令人叫绝的舞蹈小塑像。国外人士非常喜爱此风格的作品。

古典芭蕾非罗丹所好，但他对柬埔寨舞蹈很感兴趣。左页下图为罗丹给柬埔寨舞者画的速写——这些舞者随柬埔寨国王来到马赛，参加博览会。他对动感十足的俄罗斯芭蕾也很着迷，下图的尼津斯基（Nijinsky）塑像，充分表现了形体的力度。日本舞者花子（左上图）的表情紧张而凝重，罗丹见之大为着迷。

"这位大师在大理石雕像中注入灵魂"

罗丹做得最多的是胸像，定货的大半是有钱的美国人和英国人，如：画家萨金特（Sargent）的好友亨特小姐、费尔法克斯夫人（Eve Fairfax）、美国报业巨子普利策（Pulitzer）、辛普森夫人、太平洋铁路财团大股东哈里曼（Harriman）、金融家暨收藏家雷恩（Ryan，此人在纽约大都会博物馆开辟了罗丹作品陈列室）。

罗丹也为好友塑像：热弗鲁瓦、贝特洛（Berthelot）、诺阿耶

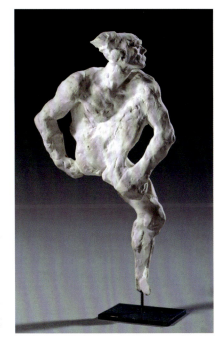

（Noailles）、诺斯蒂兹（Hélène de Nostitz）等人。罗丹一度对日本女演员花子（Hanoko）的长相很感兴趣，以她为模特儿画了53幅速写。

　　罗丹为最后一位情人舒瓦瑟尔侯爵夫人（Claire de Choiseul）塑过一尊像。这个美国女人处心积虑地要把罗丹的遗产占为己有。等罗丹意识到她的阴谋时，已经有好几百幅画作不翼而飞了。1912年，罗丹与她绝交，重又回到默东与罗丝一起生活。

"寓于倏忽即逝的外形"

　　罗丹始终坚持绘画创作，在19世纪90年代末，他创造了一种更本能的绘画方法。他解释他是这样画裸体女模特儿的："我不是一下子就动手画的，起先总有些担心，怕把握不准；随后，我渐渐心里有了底儿，渐渐抛开种种成见，从心底去爱她，这时我就有方向了，开始动笔……"他要求他的模特儿尽可能自然："不要装出整理头发的样子，您要自然地去梳理头发。"罗丹让模特儿在工作室里随意走动，而他观察着模特儿，手里快速画着。"我捕捉最有表现力的那一刹那，但这不是我硬要模特儿摆出来的动作。"罗丹选用的模特儿，姓名已难为后人查知。

　　这些画的线条连续流畅，表现出对象的特征。它们不是笔记式的速写，不是初稿，也不是即兴画就的草图，而是罗丹长年累月观察人体，不断体验之后所得的结果。正如他的《地狱之门》或其他群雕是从生活中提炼的雕像，他也把裸体从特定的形象中抽离出来，并赋予某种内涵。

下　图左侧为《上帝之手》。

享　有盛名后罗丹又创作了许多人像，好些是崇拜他个人和他作品的女士——有些出自真心，有些则掺杂私人利害关系。左页上图是舒瓦瑟尔侯爵夫人，她曾是罗丹的"邪恶天使"，看准他的年迈和天真，利用他以牟私利，纠缠他七年。本页左图是女诗人安娜·德·诺阿耶，她对这座塑像很不满意。中图是美国收藏家辛普森夫人，罗丹能与美国方面有所交往，此女功不可没。右图是费尔法克斯，她这座神情忧郁的塑像，牵动了里尔克的文思，因而有以下的描述："在这样的脸上，几乎难以觉察到笑容的存在，然而这笑容却隐匿在脸部的线条中，那么温柔，仿佛只有要呼吸一下，它就会逸去似的。"

"瞬间的奇妙记录"

他一面目不转睛观察模特儿一面把画纸完全交给他灵活娴熟的手，画出了无数被忽略的姿势。这些画作流露出来的表现力真是浩荡无极。它们包含了一种直接的热，直接的力——可以称为狂野的生命力。一支蘸墨的淋漓画笔迅速舞动着，轻重有致地勾勒出轮廓，把一片封闭的平面画得那么生动，我们感觉简直是站在塑像跟前，于是你发现了一片充满无名生命的新领域。

里尔克

1900年前后，罗丹的小本子上满是女性模特儿的速写，他往往在画成后再随手加上一些淡彩。这些带有色情意味的裸体人像，很有挑逗性。罗丹与卡米耶最终分手以后，这类画稿频频出现。有人统计，总数约有1500幅之多。罗丹有时还把这些画像剪下来，贴在其他画的背景上。这种方法在他同时代的人看来，似乎"既怪诞又摩登"，大大影响了马蒂斯（Matisse）和雷杰（Léger）等年轻一代艺术家。

秘书频频更换

　　安排作品展出，接洽定货事宜，接待来访，都得花时间和精力。从1900年初起，罗丹雇用秘书为他回复信件，分类存档，处理国内外新闻稿，以及料理生活琐事。很多人先后承担过这个职务。罗丹很主观，秘书们几乎没有半点自主权。担任过罗丹秘书的里尔克就有此感受。里尔克的妻子是雕塑家韦斯托芙（Clara Westhof），她把丈夫介绍给罗丹当秘书。后来里尔克在处理一封公务信函时，略有自作主张之嫌而被辞退。事后罗丹说："我脾气不好，跟里尔克闹翻了。但他依然是我的朋友。"

比隆公寓的艺术领主

　　后来里尔克与罗丹言归于好，1908年他致信罗丹："亲爱的朋友，我今天上午入住的这套公寓，您真该来看一看。从窗子望下去，那荒芜的公园景致真是棒，不时可以瞅见野兔越过栅栏，像幅画。"

　　昔日，比隆公寓（Hôtel Biron）一直是修会成员的住所，但现在以廉价出租了。房客中不乏当时或日后的名人。诗人暨电影导演考克多（Cocteau）、画家马蒂斯、舞蹈家邓肯（Duncan）、里尔克等人都在这儿住过。"（罗丹租下）右侧底层和二层的整个楼层，包括中央那间方方正正的大厅……这样的大厅是他早年梦寐以求的……他不时要来这儿取些东西，

　　里尔克写信感谢罗丹在比隆公寓（右页下图）为自己准备了桌子："这张桌子将会是一片广袤的沃土，我的手稿置于其上，犹如平畴上的村落。"

或站在宽大的窗口眺望花园，谁也不会到这儿来找他。"但是里尔克错了，没多久比隆公寓就成了宾客来往的场所。

"我把全部作品捐献给国家"

　　1900年以后，罗丹声誉日隆。1903年，他被授予三级荣誉勋位，布尔代勒特地在韦利齐森林（bois de Vélizy）举办庆祝活动。应邀参加的朋友欣赏邓肯小姐随悠扬的提琴声，在草地上赤足翩翩起舞。1905年，罗丹分别接受了德国耶拿大学、英国格拉斯哥大学所授的名誉博士学位；1907年又获得牛津大学的这项殊荣。名扬天下的罗丹，犹有一桩心事未了：他想创立一家博物馆，以自己的名字来命名。

　　此时，政府下令收回比隆公寓，所有的房客都

除青铜塑像和埃及雕像，罗丹还收藏波斯细密画、古希腊与罗马的胸像及全身塑像。在他的寓所、车库、花园、工作室里，甚至餐厅桌子上，到处摆满了这些收藏品。

必须限期迁出。罗丹提议："我把我的所有石膏、大理石和青铜雕像，我的绘画作品，以及我收藏的古代艺术品，全部交给国家。我希望国家将比隆公寓改名为罗丹博物馆，将我的全部作品和藏品保存在内，并让我有生之年居住在此。"另外，一同收藏在博物馆内的，还有他三十余年来的剪报、信函、作品摄影及数量可观的藏书，有许多是别人题献给他的书。

克里孟梭（Clemenceau）、邦库尔（Paul Boncour）和白里安（Aristide Briand）等政界人物，支持他的提议。在艺术界，科基奥（Gustave Coquiot）和克拉代尔全力为他奔走。音乐家德彪西（Debussy）、诗人阿波利奈尔（Apollinaire）、小说家罗曼·罗兰（Romain Rolland）及文人法朗士（Anatole France）和画家莫奈等人，联名为他请愿。

1912年，内阁会议提出动议，允许罗丹终生享有比隆公寓的居住权。不过，直到1916年，动议才正式表决通过。

此时罗丹已是风烛残年的老人。里尔克写道："每过一天，老人都会变得更老迈可笑。他的健康每况愈下，愈来愈爱发脾气，能接近他的人已经很少了，可谁也受不了他的唠叨和迟钝。他不愿让人看到他的惶惶不安，却又无法掩饰。"

默 东伊西城堡正门外，罗丹的墓与罗丝的墓并排，静卧在《思想者》跟前。

在他周围仍有居心叵测者，因而他一些亲近的朋友认为，最好让他与那位终身伴侣罗丝正式结婚。这对年迈的恋人，于1917年1月29日在默东举行婚礼。2月16日罗丝去世，11月10日罗丹去世。葬礼于11月24日举行。

各界要人和罗丹的好友都出席了葬礼。宣读了正式的悼词后，女记者塞弗里娜即席发表悼词，缅怀这位雕塑大师。

见证与文献

罗丹与情人

罗丹身边始终不乏女人，
有的是与他合作的女雕塑家，
有的是女学生和崇拜者，
有的甚至是"邪恶天使"。
对这些女人，罗丹或者温柔
相待，或者炽烈爱恋，还满怀
情意地为她们塑像、画速写。
出现在下面信函中的女性，
都影响过罗丹的生活和创作。

严肃的面容：罗丹于1890年为罗丝塑的像。

罗丹致罗丝

罗丝陪伴了罗丹53年之久，罗丹曾数度疏远她，但一次次旧情难舍，又回到她身边。

亲爱的罗丝：

这些天来，我已经习惯了这儿的生活，但今天格外想念你。……我的心悬在你身上。我仿佛听见你在说些有趣的事儿，仿佛看见你很快活。想念你的思绪，就像你唱过的一首歌：

> 我对水手说的话，
> 不能告诉母亲！
> 要不干脆告诉她
> 我已到了布雷斯劳，
> 带我走的波兰佬，
> 她可别想见着哟。

你看，我是害相思病了。我老这么漂泊不定，当然会有伤感的时候。每当这种情绪袭来时，我心头热乎乎的，感觉很亲切，但希望揪心揪肺的感情冲动别太常来。这会儿我宁愿独处，断断续续抽些时间给你写信，这样我会快活些。你给那些塑像洒水时，别洒太多，别让腿部太湿。有你照顾这些石膏像和泥塑，我真高兴。

给你寄去65法郎。30法郎给上次去看你那位意大利人——大个子桑格朗迪，他会自个儿去取。30
法郎给我父母，剩下的给你添点衣
服。我把钱都寄给你，省得妈妈跑
一趟。请代我吻她，让她照顾好爸
爸，并请把我的近况告诉她。你再
到贝尔纳那儿去一趟，请他有空给
我写写信。

你的朋友罗丹
布鲁塞尔新桥街新桥咖啡馆
1871年

卡米耶致罗丹

卡米耶是罗丹的情人，也是跟他
志同道合的雕塑伙伴。多年热恋
过后，两人分了手，但罗丹始终
想帮她，从他给米尔博的信中可
以看出这一点。

罗丹先生：

　　闲着没事，就又给您写信了。
您都没法想象伊斯莱特（Islette）
的天气有多好啊。今天我在中厅
吃饭，从那儿望出去，看得见两边
的花园。库塞尔夫人说（我事先
可没说什么），要是您愿意，不妨
偶尔——常来也行——来这儿吃饭
（我看她是巴不得这样）。这儿可
真是太美了！

　　我在牧场上散步，牧草、小
麦、燕麦全都被刈得平平的，任人

"专一的爱容不得一粒沙子。"

四处转悠，真有意思。只要您说话
算数，我们就能生活在天堂里了。
有一个房间可供您工作，那位老太
太会对我们百依百顺的，我相信。

　　她对我说，我可以到河里去洗
澡，她的女儿和女佣都那么做，不
会有危险的。如果您允许，我也想
去，那样听来挺有趣的，我也省得
跑到阿泽（Azay）去洗热水浴了。
不知您能否……给我买一套中号的
浴衣，深蓝色镶白花边，要两件
式，即上衣和裤子分开的那种！

　　我晚上光着身子睡觉，好让自
己觉得您就在身边。醒来时却发现
不是这么回事。吻您。勿忘我。

卡米耶

罗丹致米尔博

亲爱的米尔博：

克洛岱尔小姐是位女中英杰，但没人好好评论她的才华。您让她出了名。在这谎言充斥的时代，您还是为她，为我，也为您的信念做了不少牺牲。现在，米尔博，那障碍不是别的，就是您的心，您的慷慨大度阻碍了您。我不知道克洛岱尔小姐是否会同意一起去您府上，我俩有两年没见面了，我也没给她写过信。我到底要不要来就让克洛岱尔小姐决定吧。我的健康状况取决于心境，可生活多严峻啊！

夏凡纳打算起草一封给部长的信，好些朋友要在上面签名。我现在实在没有多少信心，他们好像都认为我太宠克洛岱尔小姐，实际上她是个艺术家，只是还没被人了解罢了。她说我那些朋友都对她有偏见，正是这些人跟我过不去，又不真正在行——她有充分的理由这么说。我相信她会成功的，只是她会活得很累，为一种艺术家的清高所累。要她像现在这样耗费精力去争姗姗来迟的名声，她会懊悔的。何况这种名声给人带来的只是苦恼。请代问候夫人。

罗丹

另外，我的信写得太丧气了，请别让克洛岱尔小姐看到。她的地址我想仍是意大利街113号。

罗丹致埃莱娜·瓦尔-波尔热

画家埃莱娜·瓦尔-波尔热曾是罗丹旅途中的女伴。罗丹塑过她的双手，1914年还塑了她的胸像。

亲爱的夫人：

我希望我已从烦恼中摆脱出来，我既能工作也能睡觉了，我觉得自己是幸福的，或者说将会是幸福的。青春的活力又回到我身上，我心间柔情万千，时时涌起无法自制的激情。我依然热爱女性，但那是另一种形式的爱，你们好比我圣洁的姐妹，我赞美你们犹如雕塑般的优美体态，赞美你们的心灵。万能的主在塑造你们的时候，一定塑造得比我们男人更光洁可爱。

旅途中，我每天早晨都发现眼前是个新的国度。这地方的雾真是美极了，火车头不时喷出一股股或浓或淡的烟雾，让人感到天地真是广袤无垠。真想把这一切都画下来。

开始工作了吗？这星期觉得好些了吗？致以热忱的敬意。

罗丹
1896年2月5日

波托尔斯卡致罗丹

索菲·波托尔斯卡（Sophie Potolska）是罗丹在1899至1905年间的学生，也是情人。

亲爱的大师：

　　我的心备受煎熬。要是不给你写信，把我的思绪告诉你，让自己感到你在我身边，那我真要受不了啦。

　　忧心若此，我仍然在心里对自己说你惦念着我。同时我也不安，不知你一切可都好。

　　你的思念，你的同情，是此刻我所能拥有的最珍贵的东西，让我感到温暖，给我信心。我的大师，在这最痛苦的时刻，我越发觉得你离我很远。想到你浑然不知我正在这样受苦，我更是感觉痛苦悲愤，因为我的心该是和你贴得最近的呀。别丢下我的心不管，它太需要你的心相伴了。亲爱的大师，过去的岁月不会再来，我唤不到你，就如我再也唤不到父亲一样！

　　我想你，啊，亲爱的大师，我无时无刻不在想你。我想见你，想知道你好不好，可是我又不敢去见你。我整天想的都是你，这种思念使我感觉甜美。要是你抽得出空儿，请给我写封信吧！知道你一切都好，我也就放心了。再见了，亲爱的大师，想我吧，因为我太需要你的温情了。

永远爱你的索菲

　　另外，你离得那么远，又杳无音信，真让我肝肠寸断。我爱你，我要见你。我想在星期五下午5点30分去看你，要是你觉得这一天不合适，请你告诉我。我需要你的思念，有了你的心我才能振作起来，才能获得安宁。想到这些天你也在受苦，说不定还在埋怨我，我真受不了。我该早些给你写信的。再见，亲爱的大师，我会从你那明澈温柔的目光中获得宁静的。

罗丹致费尔法克斯

费尔法克斯就是人们口中的"英国夫人"。罗丹为她塑过胸像。

尊敬的女友费尔法克斯小姐：

　　来信收到。您对朋友的情意令我感动。唯有优雅的女性，才懂得如何把自己的魅力慷慨地施给所有的人。

　　你们是神奇的太阳，是无垠的苍穹。但多奇怪啊，在那么多有关你们女性的谈话和文章里，总是有那么些无知的东西贬低你们。但这无损你们女神般的光芒。

您不说话时，您的姿势和毫不虚饰的表情，您的每一个动作，都自有一种拨动艺术家心弦的意蕴。

如果可能，我非常希望能在巴黎见您一面。您的胸像尚未完成，有胸像在旁，我仿佛天天都和您在一起。

罗丹
1904年7月18日

格雯·约翰致罗丹

格雯·约翰（Gwen John）是英国画家暨作家，1904年结识罗丹。罗丹以她为《缪斯女神》的模特儿。

亲爱的大师：

跟您一块儿在雾中的那会儿，我有多高兴哟。你最后说的那些话真让我高兴。对我来说，您就意味着爱，意味着温馨的家；您就是我的幸福。但愿我这么说不会烦扰您，我不想给您添烦恼。即使我在陷于嫉妒甚至绝望时，也不希望给您增添任何烦恼。我的爱情使我变得温顺，而非乖戾。

您的玛丽

罗丹致埃莱娜·德·诺斯蒂兹

1901年至1914年期间，罗丹和德国女作家埃莱娜·德·诺斯蒂兹书信往来频繁，这些信都写得极富感情。1902年时，罗丹为她塑过胸像。

……我最亲爱的夫人，我想我应该向您表示谢意。我认为，一件让我如此引以为荣的事情，应该是耶拿（Jena）大学的朋友们促成的。在我眼里，您是我最可敬的朋友。由于您的温雅和聪颖，我重又变得高雅，变得充满温情了；或者这么说，我整个人都得到净化了。请相信，当我此刻这么说时，我是满怀喜悦的；以往也有好几次感到这种喜悦之情。我知道，这还只是开端，但既然种子落进了肥沃的土地，那么只要好好照料，它总会发芽结果的。一切东西都会消逝，为此我只能听天由命。但我在心里看见大自然随岁月流逝，风情万千地从我眼前掠过，面对镜中衰老的自己不由得也感慨良久。我还在爱，还在理解，还没有变得驽钝，我就像文艺复兴前期的画家一般幸福，我从佩鲁吉诺（Perugino）那儿汲取了养料。爱情的光辉如阳光般无所不在，佩鲁吉诺作品中那种强烈的感染力，使我浑身充满了喜悦。

　　只要听到贝多芬的音乐，我就会情不自禁想起意大利，想起德·兴登堡夫人和您，想起傍晚金黄色的余晖。我现在不能像以前那样天天陶醉在音乐中，但我仍然热爱音乐。

　　不知您是否喜欢我的照片，好在我还有别的。请接受我诚挚的敬意。

罗丹

马德里

1905年6月5日

舒瓦瑟尔侯爵夫人致罗丹

克莱尔·德·舒瓦瑟尔伴随年迈的罗丹七年，为此罗丹受累不轻。

我亲爱的人儿：

　　我无时无刻不在想你，我的心上人。可是关山阻隔，唯有你的信能带来些许慰藉。你常给我写信时，你的爱就能抚慰我受苦的心。

　　刚收到你的快信，得知你已抵达默东！下次来信请告诉我你在做什么，你喜欢不喜欢默东。星期天和你分手，那令人黯然神伤的时刻之后，生活就像是中断了！我好似置身于一场噩梦之中。你离开我才两天，我还得苦苦煎熬多少个小时才能再见到你啊。亲爱的！我爱

"夫人，您可真让人销魂。"

你，我的整个生命，我的整个躯体都在呼唤你。在你身边，头枕在你的胸前，听你可爱的声音喊我"我的宝贝"——我多么愿意永远这样生活下去啊！我要吻遍你……但愿你能知道，由于你远去，我有多悲伤！我想让自己平静下来，可是哦……多少个不眠的长夜，多少个黯然神伤的白天，我怀着刻骨铭心的思念，却看不见你，听不到你那能抚慰我灵魂的声音。我把我的灵魂，我这颗可怜的心，把你所挚爱的这个肉体，都献给你。盼来信。

你的宝贝

雕塑家
卡米耶·克洛岱尔

当年毁于多塞的命运，
如今重获荣誉。

有评论家认为，卡米耶·克洛岱尔欠他的老师罗丹一份情。但如果仔细看过她的作品，尤其是1893年之前创作的作品，可以发现，所谓欠情之说有失公允。卡米耶的艺术创作受到四方面的影响：自然主义、逸事画风（anecdotisme）、戏剧和传统。这些因素相互配合，交融成某种现实主义的风格。然而在她一生的不同时期，每一方面因素所起的作用又各不相同。

她的雕塑风格似乎常常表现为现实主义。这在1882年创作的《年迈的埃莱娜》中可看出端倪；《成年》以及1900年以后为生计所创作的作品如《老妇人头像》中，也有所体现；《圆舞曲》和《克洛托女神》等作品中，同样表现得很清楚。但这些作品的现实主义风格是节制有度的，譬如在《成年》中，可以明显感觉到卡米耶个人情趣的渗入；结构错综复杂的《帕尔卡》《圆舞曲》《失足》等带有自传色彩的作品，采用不平衡构图法，也可以从中看到这一点。

从1893年起，卡米耶·克洛岱尔开始师法自然。在所有这一系列作品中，她所创作的乃是最有特色的。事实上，《窃窃私语》《梳妆的女人》《浪》或《内心》这类作品，可以说是前无古人后无来者的。她选用诸如条纹玛瑙（onyx）

这样质地坚硬的材料，表现出精致微妙的生活场景。这等才气横溢的手法令人叫绝，也表明她立意另辟蹊径。她在给弟弟的信中这样说："它们已经全然不是罗丹的面目了。"

从她最初创作的胸像，尤其是在1886年创作的《我的弟弟》中，可以看出她着意渲染戏剧色彩，以求所塑造的人物"有历史感"。于是，弟弟保罗塑得宛如年轻的古罗马人，表妹路易丝则像个旧王朝的年轻姑娘。在创造这组作品的同时，她还根据委托人的要求，画了一些传统风格的画像，这些作品力求形似。

1897年以后，克洛岱尔仍没有完全摒弃初期作品的特点，但似乎放弃了表现主义手法，来追求一种更传统的风格。事实上，《珀尔修斯与墨杜萨》中强烈的古典主义色彩，正表明了她在与罗丹决裂的这个时期，艺术观已然转向。这个转折似乎发生在1895年前后，当时她已经在创作《树精》。看来，她正在力图摆脱老师风格的羁绊，显示自己的个性。1906年，《伤心的尼俄柏》追求饱满而和谐的形式美，这时期的作品都具有此特色。然而，克洛岱尔对人像的态度，却使人想起她那些充满自传色彩之塑像的不对称构图。

她1905年创作的《37岁的保罗·克洛岱尔》，显示了肖像画技巧加上20世纪法国雕塑对她的影响，使人自然而然地会拿这些雕塑与沃莱里克（Wlérick）等人的风格加以比较。……从这位女雕塑家的雕塑作品中，我们可以感觉到一股动人心魄、令人陶醉且有悲剧色彩的气息。本文意欲为之正名的这位女艺术家，在世纪交替之际的雕塑史上，确实是该占有一席之地的。

波瓦蒂埃博物馆解说员
戈迪雄

罗丹与文人

但丁、巴尔扎克、波德莱尔、雨果等人，都是罗丹欣赏的作家。他与当时的文人过从甚密，而他们也欣赏罗丹的才华，不时著文表示支持。

波德莱尔（Charles Baudelaire，1821—1867）

1892年，由马拉美（Mallarmé）担任主席的委员会，决定为诗人波德莱尔建一尊纪念像。罗丹接受了塑像的任务；但跟以往一样，时日又拖延了很久。

"这不是波德莱尔的全身像，而只是个胸像。这个胸像所依据的是画家马尔泰斯特（Malteste）为波德莱尔所作的半身画像。这幅画像充分表现了波德莱尔脸部的线条：前额宽阔，颞额隆起，面部起伏而不失俊美；这前额是克拉代尔（Cladel）仔细描写过的，目光深邃，弯弯的嘴唇仿佛蕴含苦涩的嘲讽，但周围略显臃肿的肌肉，又隐隐带有肉欲的意味。"

《恶之花》

1887年12月29日起，罗丹应出版商加利玛尔（Paul Gallimard）之请，为《恶之花》画插图。根龚古尔在《日记》中的说法，罗丹是很想"好好投入"这份工作的，但做了一年左右还是歇手了。

罗丹的画，不全是根据《恶之花》内容而构思的。有些画是罗丹根据自己的雕塑创作的，画法很接近镌版画。钢笔的线条纵横交错，完全是雕塑的味道。

贝克（Henri Becque，1837—1899）

从《乌鸦》一书的题献可以知道，罗丹与贝克至少在1882年就相识了。贝克为罗丹摆过姿势，好像是为一幅铜版雕刻作品。罗丹很熟悉这种创作方法。他镂版时，仿佛是在做雕塑，对脸部的每个侧面都不放过。

亨莱（William Ernest Henley，1849—1903）

罗丹在1881年初访伦敦时，结识了诗人亨莱。介绍他俩相识的，是镂刻艺术家勒格罗。亨莱也写艺术评论，他当即意识到罗丹是天才，曾在英国为他做宣传。

此后，1881至1903年间两人通信不辍，1884年罗丹还为亨莱塑了石膏像。

亨莱这样描述他本人的胸像：“我觉得这尊胸像挺出色，也挺像我，就是稍微瘦了些，神态也太耽于幻想了，并不完全像我这样虎虎有生气，这样有英国味道。”

罗丹后来把《奥维德的＜变形记＞》中的一尊石膏像题献给亨莱。题词如此：“献给诗人W.E.亨莱。他的老朋友A.罗丹。”

米尔博（1850—1917）

最早站出来为罗丹辩护的几位作家中，有一位是米尔博。罗丹在米尔博家里住过两次，第一次半个月，第二次一个月。米尔博对龚古尔说过：“这人沉默寡言，日后却会是大自然的代言人。他光靠自己，竟学了那么多，懂得那么多，对各门技艺的诀窍无所不精。”罗丹纪念馆藏有两人的来往书信，共192封，还藏有罗丹在1889年为他塑的胸像。1894年罗丹在米尔博的书上画了钢笔插图。

1897年，趁福纳依（Maurice Fenaille）刊印罗丹画作之际，米尔博为画集写了前言。罗丹还为米尔博的小说《苦难园》（*Le Jardin des Supplices*）画了插图。米尔博表示，若比较罗丹的绘画作品与雕塑作品，他更偏爱画作。

他说：“为了保证这一豪华版能有完美的彩色印刷效果，用了18种不同颜色的油墨。这些插图让我们看到了罗丹近期的风格。任何一个插图画家都会从中学到东西。”罗丹这种创作手法的源头，乃是米尔博。米尔博本人业余也作画，欣赏画——当初就是他力劝罗丹买下凡·高的《唐吉老爹》（*Père Tanguy*）那幅画的。

诺阿耶（Anna de Noailles，1876—1933）

1906年，罗丹"有幸为这位女诗人塑了头像，以使这张脸能流芳百世，永不凋零"。诺阿耶觉得，自己仿佛并不是坐在一位雕塑家面前，而是面对一架电影放映机。罗丹当时生怕面前待着的是个木头人——他需要的是不矫饰、活动自如的模特儿。不过，诺阿耶最后对自己的胸像大感失望，而罗丹闻之亦不悦。这位从母亲那里承继了希腊血统的女诗人，觉得罗丹把她的鼻梁给塑歪了。

她不喜欢罗丹为塑像题写的密涅瓦（Minerve）的名字，说这是古罗马艺文女神的名字，观众不会上这个当的。但她并没因此耿耿于怀，仍寄了几首诗给罗丹。

里尔克（1875—1926）

里尔克称罗丹为"才思永不枯竭的大师"。里尔克与女雕塑家韦斯托芙于1901年结为伉俪，受妻子影响，极为仰慕罗丹。1902年9月2日，他见到罗丹。1903年他出版了一本关于罗丹的书。1905年9月，他应罗丹之邀前往默东。后来两人间出现芥蒂（里尔克曾在信中提及此事），遂于1906年5月决裂。一年后，罗丹感到应和里尔克捐弃前嫌，重修旧好，所以当里尔克邀他参观自己的新居时欣然前往。

到达默东

"……他出来迎接我，其神情非热忱两字可以概括。他好比是从荒芜的小径回到心爱的故园，好比是看见一泉昼夜淙淙流淌的溪水，一片候鸟飞过树梢的林子，或者一条长满玫瑰的蜿蜒小路。他像一条用宁静而求索的眼睛认出你的大狗，像一位坐在宝座上的东方之神，于静穆之中降贵屈尊移步前行。他如女人般笑着，如孩子般做着手势。

他领我参观他的领地。从今以后，他赢得了安逸和自在。他在纪念馆前面和花园斜坡上建了几幢小屋。这些屋子的过道、工作室、花园，到处都有令人赞叹的古艺术品，他终生与自己的雕塑形影相吊，犹如与亲人同在，喜欢往来无旁人打扰。他抚摸这些雕像美丽的肩头和脸颊，喜不自禁；他远远地就能从雕像的嘴唇，看出种种不可言传的含意。

他家里到处都是鲜花。万物都在生长！在这儿你会理解他的作品，会爱上这些作品。它们是那么势所必然，那么独具内涵，那么理所当然地存在，它们就是命运！他如一颗星辰般向前走去，没有任何东西可以阻拦。"

里尔克致克拉拉的信
默东
1905年9月15日

罗丹与公众

当其他人起了怀疑时，罗丹却信心满怀。他将一切都置于脑后。他的命运不再取决于公众赞同与否。当别人还在寻思如何用嘲骂和敌意来挫败他时，他早就下定决心了。而当他想改变时，任何旁的声音都进不了他耳朵，颂誉他一概充耳不闻，无端的指责更休想动摇他。他的作品全无旁骛地成长，与之相关的唯有他自己和永恒的自然。萦绕在他心际的始终是工作。正因如此，他的作品才会这样不可驯服。他的作品来自一个已然竣工的天地，不是那种尚在变化、有待承认的东西，而是一个不容否认的现实存在。好比一个国王听说自己的王国里要建造一座城市，于是犹豫再三，是恩准好呢，还是不准为好，最后决定起驾亲临勘察。到了那儿，只见一座宏伟城市耸立眼前，城堞、塔墙、门洞一应俱全，仿佛开天辟地以来早就存在了似

的：这就是公众来到罗丹作品跟前时，心头的况味。

罗什福尔（Henri Rochefort, 1830—1913）

罗什福尔担任《激进新闻》（*L'Intransigeant*）主笔时，经巴齐尔介绍认识了罗丹。他曾撰文记述观看罗丹塑像的经历：罗丹花了一个小时，把一团土贴在鼻尖和前额上，然后又花了一个小时把它掰下来。模特儿动来动去，而不是兀自端坐在那儿。罗什福尔以他的才智赢得罗丹的友谊。他俩对古代文物有共同的爱好，即使是赝品，两人也会爱不释手。这位记者有时并不全然接受罗丹的艺术。他说《巴尔扎克》是个"一身洁白的好好先生"；罗丹1897年为他塑的胸像，他也未能真正领略美在何处。但罗丹觉得他有一种古罗马人的气质，一如米尔博所说，"他的颅骨长得像罗马的恺撒"。

塞弗里娜·蕾米（Séverine Caroline Rémy, 1855—1929）

塞弗里娜是位激进的报社记者，她曾挺身而出，以一支健笔声援罗丹。为了表示感激，罗丹为她画了肖像。我们于是得以领略罗丹

作品中一种罕见的绘画风格。这些炭笔画完全利用光影关系来处理画面，确乎是雕塑家的笔法。1893年罗丹为她塑过一尊小型胸像。她回忆说，罗丹为她塑像时，显得有点太殷勤。结果，胸像并没塑完。

1917年11月24日，她在罗丹墓前读了悼词。罗丹生前对她说过："塞弗里娜，我听您说过好多次话，每次都让我出神。您是雄辩天使。我死后，请您也在我的墓前说几句话吧。"在葬礼上，"她折下一朵玫瑰，吻了吻，放在伟人的墓前"。

萧伯纳（George Bernard Shaw，1856—1950）

鼎鼎大名的英国剧作家萧伯纳，这样描述罗丹为他塑胸像的情形：

"1906年，有人想到要趁我还没变成老古董的时候，在这世上给我留下一座胸像。于是问题来了：能说服罗丹揽下这差事吗？我是说什么也不肯摆好姿势让他塑像的。对我来说，事情明摆着，罗丹不光是现世最伟大的雕塑家，还是他这个时代最伟大的雕塑家；他和米开朗琪罗、菲迪亚斯和普拉克西特利斯一样，是独领风骚的一代人物。

"但我又希望，为我画像的艺术家能真的看见我。通常，有许多画

像署我的名，但我从来没让人用我的名字——我并不是那些画的作者。一个头衔，就是一个人非戴不可的面具，就像一个人得穿衣服裤子一样——那化装只是为了体面。……

"瞧瞧我这座胸像吧，您会觉得它跟那个神乎其神的萧伯纳毫无相像之处。然而，它真是像我，它是真实存在的我，而不是人们想象中的那个我……

"……他工作得很艰苦，每天就像个工匠为了三四法郎，在花园里砌一堵墙。他觉得吃不消时，会用一把旧的两脚规在我脸上量量，再在塑像上量量。胸像的鼻子太长了，他就切下一块黏土，再把切口弄妥帖，像个玻璃匠换玻璃那般，不动半点感情。耳朵塑得位置有问题了，他就把耳朵割下来，重新安到合适的位置上，还要为这冷酷的手术向我妻子致歉（她眼看着这团已经有了生命的黏土，几乎觉得那上面真的沾血了），告诉她说，做个新耳朵是最简捷的办法。"

朱德兰（Ceaudie Judrin）
罗丹纪念馆，1976年展览目录

罗丹与摄影

7000多张名家拍摄的照片，
如实再现了大师的雕塑。
这些照片往往经过
罗丹本人严格的指点，
它们栩栩如生，
大大提升了罗丹的国际声望。

19世纪的雕塑家，通常并不把摄影师看成竞争对手。1862年，画家指责摄影作品与绘画艺术无法相容；在雕塑家的圈子里，则未闻有人进行类似的指责。

道理很简单。雕塑家比画家更依赖器具，也更依赖其他工匠（粗雕工、浇铸工等）——借外力之助，雕塑家才可以更熟悉艺术作品的复制方法。再则，摄影的某些技巧与雕塑有相似之处：雕塑家先要制作石膏模型，然后浇铸；摄影师也是先让胶卷感光，然后才冲洗，才放大或缩小。

摄影与雕塑的某些操作过程和术语也很相似：打样、出样、放大、缩小等。这些工序是摄影和雕塑所固有的，因而两个行业都具有一种工业生产的色彩。一般艺术家避之唯恐不及——因为他们服膺波德莱尔的说法："真正的艺术家或艺术爱好者，绝不会把艺术与工业划上等号。"

然而，各行的艺术家都懂得，摄影技术是传播作品的理想媒介，是保存模特儿形象的经济手段，还是搜集特定题材之资料的绝佳办法。

罗丹不仅因为懂得利用摄影技术，而开一代先河，更因他经常利用摄影技术，且得其诀窍，而跻身革新者的行列。

不过，罗丹尽管身体力行，嘴上却免不了对摄影时有微词。好在

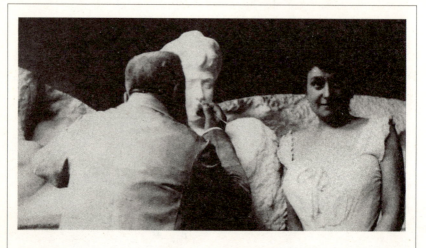

与摄影家交道打得多了，他的态度渐渐改变。

19世纪80年代，是他的雕塑手法最具创新性的时期，他的工作室里除了原有的各式器械之外，照相机也堂而皇之放置其中。

最初与他合作的摄影师，如帕纳利埃（Pannelier）、弗勒莱（Freuler）、波德梅（Bodmer），都只是罗丹凭印象挑选的，当时罗丹还不可能对他们的情况有多少了解。会找上他们，想必是相当偶然的，或许是熟人，或许就是因为住在同一个街区而已。

这些摄影师的摄影作品，记录了罗丹工作室里各种材料的雕塑作品，以及工艺制作过程。其中以波德梅的作品最重要，也最常见（这些作品已编号装订成册），可以说是罗丹雕塑摄影作品的重要藏品。这些资料性的照片，也成了镂版艺术家、插图画家和雕塑家的范本。罗丹有时会在照片上用铅笔添几笔，这样的照片就完全是罗丹的作品了。

1896年日内瓦博览会开幕时，展出了28张照片，内容是罗丹未送去参展的雕塑作品。从那以后，罗丹更清楚了：照片冲印既方便又经济，大有用武之地。有了摄影，他就不用老是谈论自己的作品了，记者也就不用连篇累牍地写介绍和评论了。

于是，罗丹开始结交摄影家，请他们为自己的作品拍下一批形神兼备的照片——当然或多或少有他本人的指点。

这些摄影家所拍下的罗丹作品，风貌各有不同：比洛兹（Bulloz）的摄影作品还属于资料性质，德吕埃（Druet）的作品颇有审美情趣，哈瓦依斯（Haweis）、科尔斯（Coles），以及美国人斯泰肯（Steichen）等人的作品，则几乎可说臻于完美。

埃莱娜·比奈（Hélène Pinet）
《雕塑家罗丹及其同时代的摄影师》
1985年

　　我相信摄影的确可以创造出艺术作品。这种创造手法足以表达深刻的情感，至于它究竟会造出什么，实在无从预料。我一点都不在乎摄影师是否扭曲了真实。我不知道斯泰肯如何诠释我的作品，事实上，我认为他用什么技巧来获得他想要的效果根本无伤大雅。我只在意照片最后的结果，只要这照片称得上是艺术，那么它就有可观之处。

罗丹

罗丹工作室

参观罗丹宅邸的友人、艺术家、政界要人等络绎不绝。
遇有人来访，
罗丹会一扫羞赧之态，
滔滔不绝地阐述自己的艺术。

生活与工作的场所

空间对雕塑家来说是至关重要的。罗丹先后有过将近20个工作室。有时他甚至同时拥有六个。

1863—1864：巴黎第八区，勒伯伦街（rue Lebrun）96号。

1865：巴黎第八区，埃尔梅街（rue Hermel）5号。

1864—1871：巴黎第九区，克利希大街（boulevard de Clichy）。

1871：布鲁塞尔，新桥街（rue du Pont-Neuf）36号。

1872—1877：伊格泽尔（布鲁塞尔郊区）无忧街（rue Sans-Souci）111号。

1877—1882：巴黎第五区，圣雅克街（rue Saint-Jacques）268号。

1877—1886：巴黎第十五区，炉窑街（rue des Fourneaux）36号。

1880—1917：巴黎第七区，学院街（rue de l'Université）182号，大理石仓库。

1885：巴黎第十五区，圣爱捷丽街（rue Sainte-Egérie）17号。

1886—1887：巴黎第十四区，普安索街（rue Poinsot）10号。

1885—1890：巴黎第十五区，沃吉拉尔街（rue de Vaugirard）117号。

1887—1895：巴黎第十四区，圣

雅克区街（rue du Faubourg-Saint-Jacques）17号。

1888—1902：巴黎第十三区，意大利街（boulevard d'Italie）113号（与卡米耶同住）。

1890—1898：巴黎第十三区，莺歌街（rue du Chant-de-l'Alouette）福里-纳布尔别墅（与卡米耶同住）。

1896—1917：默东，保尔-贝尔街（rue Paul-Bert）光泽别墅。

1898—1917：默东，葡萄园街（rue des Vignes）14号。

1904—1917：默东，孤儿园街（rue de L'Orphelinat）10号。

1908—1917：伊西-穆利诺（Issy-les-Moulineaux），城堡街（rue du Château）1号。

1908—1917：巴黎第七区，瓦雷纳街（rue de Varenne）比隆公寓77号。

沃吉拉尔街117号

罗丹在这儿制作《加来义民》。

　　我在沃吉拉尔的工作室里找到他。这个工作室看上去很普通，沿墙摆一排石膏像，还有一只生铁炉子。湿黏土制成的高大塑像上罩着布，但仍透出丝丝的湿凉意。四处是塑好的头颅、胳膊和腿。在这狼藉的断胳膊断腿中间，还有两只干瘪的猫，活像传说中的狮身鹰头怪

"每件都代表一种感情，每件都是爱，都是奉献，都是至善和求索。"

这个巨大的房间里摆满了雕塑，让人眼花缭乱。

物。工作室里面有个男模特儿，上半身裸露，看上去像个搬运工。

罗丹把转台转了过来，转台上就是那六位加来义民的泥塑。每个塑像都跟真人一样大，人体的肌肉表现得很有力感，有些类似巴里塑动物腹肋部位时的表现手法。具有现实主义风格的整体布局，表达了一种有力的控诉。

他还让我们看了一个健壮的裸体女性塑像的雏形，那是个意大利女人，很矮，肉鼓鼓的，照罗丹的说法，是个"悍妇"。……

学院街182号

……看过沃吉拉尔街的工作室以后，罗丹又带我们到军事学院附近的那个工作室去看《地狱之门》。这个作品准备安放在装饰艺术馆里。那是两方巨大的门幅，上面塑了许多人像，纵横交错，有种非常凌乱的感觉，仿佛是丛丛珊瑚。

然而，过了几秒钟，我透过似石珊瑚丛的形体，总算看清了这由许多乱钻乱动的裸体人像所构成的天地，恍若米开朗琪罗在《最后审判》中展现的堕落情景，又如德拉克洛瓦油画中所表现的人群蜂拥的场面。而罗丹是用浮雕来体现这一切的——只有他和达卢才有这气魄。

沃吉拉尔街的工作室，凝聚了真实的人性；学院街的工作室里，则萦绕着诗意的人性，来自但丁的诗意。

龚古尔日记

大理石仓库

罗丹1880年开始使用这个工作室，在此完成《地狱之门》。

这是名副其实的工作室，这里的一切都是为工作而存在的。没有布料，没有小摆设；几幅油画上遮了帆布，以防沾上石膏粉末。主要的摆设就是蒙上湿布的塑像大样。这些奇形怪状的塑像，孕育着梦一般美妙的东西。另外还有作品的雏形、创作中的作品和刚完成的作品。

只消四下一望，立时就会意识到：果然是置身于一个勤奋艺术家的工作场所。此君满脑子自己的想法，对外部世界可以说漠不关心，他不需要外界的东西来激励自己，只要有黏土和凿子就足够了。瞧他那模样，完全是沉浸在工作之中，他不会因为遇到阻力就半途而废，

也不会由于成功而歇手。……

罗德（Edouard Rod）
《美术杂志》
(*Gazette des Beaux-Arts*)

默东工作室

这个工作室，位于罗丹保存1900年博览会回顾展展品的陈列馆内，该馆则建于光泽别墅的花园中。

这宽敞明亮的大厅，使人产生一种极强烈而又奇特的印象——那些白得炫目的塑像，竟像水族馆里的生物，在高高的玻璃门后面注视着你。这是种恢宏、浩茫的感觉……尚未踏进这个大厅，你就会感觉到：这几百个生命其实只是一个生命——这些生命以同样的力度，按同一个意志律动着。这儿的一切都是如此。《祈祷》的大理石雕像，以及随处可见的那些石膏塑像，亦是如此。那简直是整整一个世纪的作品哟。

硕大的陈列馆内，摆满了《地狱之门》中的局部塑件。真是难以形容！到处都是断胳膊断腿。裸体塑像只有手掌般大小；另一些稍大，也全是局部塑件，几乎没有一尊完整的塑像。往往是这里一条胳膊，那里一条腿，挨在一块儿，旁边则是躯干。别处又是一座塑像的上半身，靠在上面的头颅却是另一

座塑像的，那条胳膊又是第三座塑像的……很像一场无法描述的风暴，把这些作品摧折成这么七零八落的模样。然而，愈是仔细看，就愈会从心底里感受到，这些作品真要摆得整整齐齐的话，恐怕整体感反而会有所逊色。

这些残肢断臂，自有一种奇异的、扣人心弦的协调感。它们本身都是完整的存在，几乎无须再添加任何东西，都会让你忘了它们只是些肢体，而且是不同躯体上的肢体。你会猛然领悟到：研究一个完整的肌体，那是学者的事；对艺术家来说，他就是要从这些元素发轫，创造更恢宏、更合理、更永恒的新的关系，新的谐调……这无穷尽的创造力，这充分显露的聪敏睿智，这纯真强烈的表现力，这旺盛蓬勃的青春气息，这超凡脱俗的天才……在人类历史上堪称空前。

再往前走又是桌子、转台和柜子，上面摆了些琳琅满目的小巧雕塑作品，全是用褐色或赭黄色的陶土制作的。那些胳膊只有小拇指般粗细，但其中所蕴藏的生命律动，让人不由得怦然心动。雕出的双手不过一枚钱币大，但雕得那么准确，那么生动，没有丝毫矫饰，让人觉得它们一旦到了一个巨人手里，就会无限扩大。而这巨人是依自己的尺寸塑像的，所以，即使他尽可能地把雕像缩小，这些塑像仍然比普通人高大。

这样的雕塑作品有几百件，而其中没有哪两件是相同的。每件都代表一种情感，每件都是爱，都是奉献，都是至善和求索。

里尔克

风格与手法

要将出自雕塑家之手的
泥塑作品，变成石膏模型
和大理石或青铜的成品，
得经过加工，而加工
需要许多助手：翻模工、
放样工、粗雕工、制坯助手、
浇铸技师和做绿技师。

轮廓线

当我开始塑造人像时，我先观察正面、背面以及左右两侧的轮廓线（profil）；接着，用黏土塑一个粗样，尽量使各个部位都跟我眼中的人物相吻合；然后塑出中间层次，也就是45度角方向的轮廓线；再转动模特儿和泥塑，细细观察比较，做些修整。

在人体上，轮廓线就是肌体转折的分界线；因而，轮廓线产生于肌体。我通常帮模特儿调整位置，以便从背后射来的光能勾勒出轮廓来。这个位置的线条塑好以后，把转台和模特儿都转动一点，就有了另一条轮廓线，然后再转动一点。如此这般，直到转足一圈。

然后又重新开始，逐一修整不同角度的轮廓线。由于人体上这样的轮廓线是数不尽的，因此我尽可能多地取不同的方位来修整，至少要做到自己觉得可以了才歇手。随着转台的旋转，原先在暗处的部位转到了亮处，就会出现一条新的轮廓线，因为我是在亮处工作的，所以能观察得很清楚。

当轮廓线都加工好以后，各个位置都已修整得相当准确固然有可能，但各条线之间或者整体上，还不一定协调。

有一点很重要，就是要分别从上方和从下方来观察轮廓线，也就是说要考虑到人体的厚度。……

然后，再把泥塑跟模特儿做个比较，注意胸部、肩部和臀部准确与否，并注意大腿肌肉的隆起程度，以及双脚着地的姿态。当年我塑《青铜时代》时，弄了一架画家作大幅油画用的梯子。

有时我爬上梯子，从顶上观察塑像的轮廓线，以求其线条跟模特儿的一致。我的做法可以称作"纵深轮廓线法（dessin par profondeur）"。我前面所说的这种方法，的确是用不上任何平面作业的。……所有的轮廓线都塑准了，再加上恰如其分的中间层次，塑像也就完成了。……

从各个角度观察轮廓线，也就是把握真实对象的过程。可以说，表现力正由此而生，而且也只能由此而生。……如果你不按这些原则和几何原理来工作，你塑的人像就不会有真实感，也就不会有表现力。在你的塑像与真实的对象之间，总会有一种无法消除的不协调之处。

单凭灵感工作，即使再聪明再灵巧，总会有力有未逮的时候。一个人无法脱离自然而创作。艺术家是自然造就的——当他理解了自然，并把它表现出来时——与其说艺术家是创造者，不如说是具有师法自然之才情的人。

罗丹
《与迪雅尔丹-博梅茨
（Dujardin-Beaumetz）谈话录》

塑模

19世纪时，雕塑（sculpture）还只是泥塑（modelage en terre）的同义词。一个成了气候的雕塑家，不必亲手凿石料。他身边总有制坯助手，按他的指令雕凿大理石。

塑模（modelé）技巧是一位叫康斯坦（Constant）的同事教我的。当时，我刚开始雕塑生涯，和他在同一个装饰工作室做事。

有一天，我正在用黏土制作一个有卷叶装饰的柱头，他看见后就对我说："罗丹，你这样不行。你的这些叶片都是平的，所以显得不真实。应该塑得让叶尖翘起来，给人一种纵深的感觉。我对你说的这些话，你可得好好记住。以后塑东西时，千万别只看面，而要往深的地方去看……这样做，你才能学会塑模的本事。"

这个原则使我受益无穷。我在塑人像时也奉行这一原则。我不把人体各部位看作平塌的面，而把它们当作主体凹凸部分的外观。我尽量让人在看到躯体和肌肉隆起的四肢同时，而感觉到在表皮下仿佛有肌腱和骨骼。这样，人体的真实感便不是皮相的，而是由表及里的。

罗丹
《与格塞尔（Gsell）谈艺术》

翻模

这是浇铸前必不可少的步骤，翻模所得的模型可能是原尺寸的，也可能是经过缩小或放大的。

翻模（moulage）这个词，一方面指一种制作过程，另一方面也可以引申为完成这一过程后的对象。这里所说的翻模，不是指原件，而是指复制件。复制过程中会使用拼模（moule à pièces），这样做不但脱模时拆卸方便，还可以连续使用模子，重复制作石膏、陶土或树脂（如今用得较多）复制件，以利于商业性或教学性作品的传播。19世纪已有很多翻模作品为团体或私人所收藏。

翻模是指把用黏土、塑胶之类不易保存的材料制成的模型，翻制成石膏模型。这种模型就是独一无二的原件。称作凹模的模子，在制作过程中便已被毁坏。事实上，这种模子（浮雕使用一块模，圆雕则使用两块半模）是将石膏一层层涂在泥塑上制成的。待模子做好，就把泥塑从模子内取出——泥塑因此也就损坏了——重新填入新的材料。毁模是最后一步。

翻模要等塑像完成后进行。这是不可或缺的辅助步骤，目的是把雕塑家亲手塑好的东西复制成石膏件。有许多雕塑家都喜欢先翻模作品的雏形，以便保存原始的构思，然后精雕成型，或确定不同的加工方案。

一般来说，阴模（empreinte）来自于泥塑，但也有人直接依据真人或实物获得阴模。基于人体或动物的翻模也是一种手法，很显然，翻模只不过是创作的起点。

一旦公众有一种印象，以为某个初出道的雕塑家，炮制的只是翻模真人或实物的作品而已，那么这个雕塑家准会激起公愤。罗朗（Roland）1783年塑《乌提卡的加通之死》（*La Mort de Caton d'Utique*）时，罗丹1877年为沙龙展创作《青铜时代》和《梅罗德克莱奥》时，都有过这样的遭遇。尽管罗丹在1917年依据自己的手翻制《上帝之手》的雏形时，对此已毫不忌惮，但他与罗朗都曾奋力为自己开脱，说自己的作品之所以从解剖学角度来看是完美无缺的，完全是因为自己付出了大量努力并熟稔于人体。

当时的翻模工匠大多是意大利人后裔，他们一般会用石膏翻模。不过，黏土翻模往往更被看好，自有一种情趣：黏土出模以后，还要经过焙烧（中间已被掏空，以防加热后开裂），因此艺术家就可以在焙烧前对作品再加工一番，赋予作品一种浮雕的气魄，这一点正是一般翻模制品无法达到的。

勒诺芒-罗曼
（Antionette Le Normand-Romain）
《19世纪的雕塑》，1986年

罗丹作品的拼接与借接

罗丹把塑好的作品视为素材库，经常回头取用若干完整或局部的成品，进而创作新作品。

复制件的拼接

《地狱之门》顶上的《三幽灵》，是利用拼接（assemblage）方法制成的。罗丹根据《亚当》的复制件，改变了胳膊的姿势。我们可以从中清楚地看出：罗丹是如何对一座表现正面姿态的塑像进行处理，来表现从不同角度观察到的形态。然而，这些人像公开展出时，形态又有所不同，标题叫《三个绝望者》，可供观众从四面八方观看塑像。

由此，我们可以窥见罗丹的一种主要创作手法——保存在默东的石膏模型也可以佐证。我们看到：罗丹喜欢在手边放好些题材相同的翻模件，这些翻模件不啻是他创作的素材。由此出发，他可以凭灵感或截或添一些东西，或做一些局部的修改，或对整体构图做较大的改动。

罗丹通常并不利用同一个模特儿创作不同的塑像，而宁可选定一个他最满意的模型，利用它来构思其他作品。他会利用某一塑像的多个复制件，拼接成一件很有新意的作品。例子不胜枚举。

有一种拼接方法是对称拼接，即围绕一条轴线复制，如《三幽灵》。《三个农牧神》，又称《秘密》，则用了两次同一只右手。他也使用错位的拼接方法，就是把塑像放置在不同的平面上：例如《夜间》两个人像的拼接，其素材来自于《劳动塔》；再如《受苦的女人》，其复制痕迹不那么容易看出。

当然，还有更复杂、更费周章的拼接方法。

巴尔比埃（Nicole Barbier）
《19世纪的雕塑》，1986年

借接法

借接（marcottage）是一种借用艺术家已完成的作品（或借用其局部，或借用其全部）来雕塑作品的方法。罗丹经常运用这种方法，在构思新作品时，几乎每次都要借用现有的石膏翻模。

其中有些定型作品，后来浇铸成青铜件并参加展出，个别的还出售了；另一些则构成他创作素材的一部分，为数颇多，是全无预定目标的研究之作。

这些研究纯然是个人兴之所至，并没有创作的明确意图。罗丹捕捉了稍纵即逝的灵感，将之刻在石膏上，犹如写在小本子上，充分表现了他丰沛的想象力。

研究雕塑史的专家都曾提到，罗丹经常从同一题材出发，衍生出不同的作品来，诸如《殉难的女人》《冥想》《乌哥利诺及儿子们》《跪着的农牧神》《下坠的男子》等。我们还可以举例：在《青春的凯旋》《雅典娜之死》《保罗与弗朗切斯加》《大地与月亮》《沉睡的亚当和夏娃》等作品中皆可见到这一方法的运用。

罗丹不仅在创作新作品时多次运用借接法，在进行个人研究时也常用到借接法，以使手中材料能跟充满激情的想象合一。他狂烈奔放的情感和想象，不仅在他那个时代鲜有人理解，即使是在今天，人们众说纷纭，却往往未能说到要点。

博齐尔（Alain Beausire）
《19世纪的雕塑》，1986年

去蜡浇铸

今天的雕塑，与公元前5世纪古希腊雕塑所用的方法相比，两者并无多大不同，只是今日手法已巧妙地糅进了现代技术。雕塑的过程包括：制阴模，刮型芯，浇蜡，制耐温模子，去蜡，焙烧模子，浇铸青铜，打磨，做绿。本文以《地狱之门》中的《小农牧神》（Petite faunesse）塑像为例，说明每一步骤。

1. 先塑好一个模型，材料通常为石膏、黏土、大理石，普通石料、木料亦可。接下来要往这个原始模型外面抹料，以免制阴模时损坏原始模型。
2. 在一层弹性材料上制出阴模，外层罩以质地坚固的外模。这个外模要能承受住熔蜡的压力——浇进熔蜡时是要加压的。
3. 制成的模子与原始模型极其相像，如此耐高温型芯（noyau en réfractaire）也就生成了。

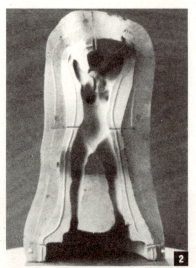

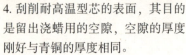

4. 刮削耐高温型芯的表面，其目的是留出浇蜡用的空隙，空隙的厚度刚好与青铜的厚度相同。

5. 用模子箍住耐高温型芯后，往刮削过的型芯与模子之间的空隙浇蜡。这是制作完美复制品的关键步骤。所得的蜡型尚需以手工修型，以便保持原始模型的模样。这个工作往往由雕塑家亲自来做，他可以做一些修正或强调某种效果。

　　这时候，可刻上雕塑家的签名、作品的编号或加上熔蜡场的印记。

6. 在蜡型上固定一组称作"浇冒口"的蜡管。这些蜡管既是液态熔蜡流出的通道，也是浇进液态金属的通道，在浇铸时又可让空气逸出。

7. 把一种细粒状的耐高温黏土，即所谓"熟料"（chamotte），敷在蜡型表面及蜡管上，直到经支架加固的整个组件变得坚固厚实。这样得到的就是"铸模"。经过烘干和加热，液态的蜡流出模子，在耐高

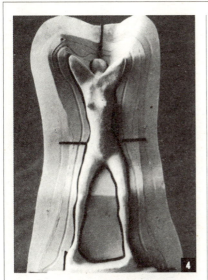

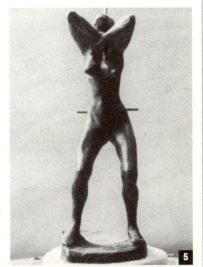

温型芯和铸模之间留出空隙。这一
步骤称作"去蜡"。

8. 将铸模加热到550℃至600℃，然
后覆上一个外层，这个外层在青铜

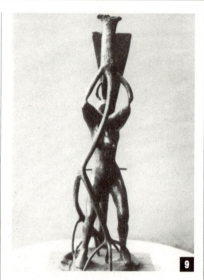

10.切除所有的蜡管，加工青铜件表面。这一步骤称作"打磨"（ciselure）。残留在青铜件内部的耐高温型芯，也在这时被剔出。

打磨完工后，在青铜件表面敷上热的或冷的氧化物，以期产生一层薄的腐蚀层，这就是所谓"做绿"（patine）。这种刻意营造的腐蚀效果，能让雕塑在日后面对自然侵蚀时起到保护作用。颜色可以是绿的或蓝的，也可以是褐色的，一般都比较深。一般的艺术家都懂得如何利用做绿的方法来营造某种特殊的效果。

注入之前必须干透。

9.将烧熔的青铜（1200℃）注入模腔，填满去蜡后留下的空隙。然后敲碎模子，现出青铜铸件。

与库贝丹（Coubertin）浇铸场合作
提供坎托（Cantor）浇铸场的资料

关于罗丹

罗丹的作品，
可让观者从各个角度来欣赏；
罗丹本人又何尝不是个起点，
足以引发种种思索？
艺术家熊秉明，昔日
先修哲学，继而转习雕塑，
在艺术上和生活上，
罗丹都给了他提示。
思考罗丹其人其作，
熊秉明在美学和哲学上
反思颇多。

罗丹的重要性

论罗丹的文章大都说，罗丹直接继承了米开朗琪罗，这意味着他们之间的三百年中全无雕塑可言，他的崛起大有"文起八代之衰"之势。其实这一说法，连罗丹自己都不会同意的。在《罗丹论艺术》里，他提到不少雕塑家，并给他们以很高的评价。

那么，为什么罗丹被看得如此重要呢？

我想有一个很简单的答案，就是：罗丹赋予雕塑另一种意义。以前的雕塑是纪念碑、纪念像，是装饰庭院、宫室、教堂的形体。它们的社会任务、政治任务、装饰任务先于艺术表现。

到了罗丹手里，雕塑忽然变成表现思想的工具，个人抒情的工具，艺术表现占了首位。雕塑被从广场的基座上拉下来，建筑物上拉下来，变成诗，变成哲学，变成自由的歌唱。

罗丹赋予雕塑以思想性，也赋予雕塑以新的生命。米开朗琪罗的每一件作品虽然都有确定的装饰作用、纪念作用，但他依然注入浓厚的思想性，每一件作品的意义都远远地超过当时所预期的装饰意义、纪念意义。从这一点看，罗丹果然直接继承了米开朗琪罗。

所以，有人说要走进罗丹的世界，没有比诗人里尔克更好的向导了。他最能以诗人的敏感去探索罗丹作品中蕴含的诗意。讲到《永恒的偶像》时，他说："人们不敢赋予它某种意义，它有着成千种意义。"他以精妙的诗一般的语言为我们阐述他所领会的某种意义，而让我们去发现和玩味其层出不穷的意义。

"他是一切"

午后，在图书馆读里尔克到巴黎后给他的妻子克拉拉的信。诗人初到巴黎时，还不能适应陌生而又紧张的大都市的节奏。在这瞬息万变的海洋上，他找到了一个可以立足的岩石，那就是罗丹，他说"罗丹是一切"。

颤栗着的力量从塑像内部涌起，极度的欣喜浸入你，这是我从未想象过的生命力……过去小憩的恬静时刻，森林里和海滨的日子，生活的引诱，做过的梦，都能算什么呢？

在这森林与海洋之前，在这坚定而沉重的眼光所含有的不可述说的充满信心的平静之前，在这座健康与笃信的建筑物之前？……

他是一切，绝对的一切！

所谓"他是一切"，那意思是说罗丹用了那么多千变万化的雕像，向我们展示了可悲可喜、可歌可泣、可爱可怖的众生相，并让我们看见了生命的真实和艺术创造的意义。

从罗丹的双手和塑泥的接触中，里尔克看见了创造的进行、造化的秘密、神的创造的实证，于是懂得诗的意义和诗人的使命。

生存意志

……希腊古典时期的神、北魏隋唐的佛，只是凛然岸然地存在的意志的本体。那些面孔上绝无生活的痕迹，谁能说出佛像所表现的是几岁的释迦牟尼？

雕塑家所要显示的不是无法摆脱生老病死、被时间磨蚀刻镂的肉躯，而是金刚法身，摆脱烦恼，寂然常住，不增不减。如果说有表情，那是一种纯粹的恬然——说是无情也可以，那是一种绝对的无情。这恬然，这无情弥漫出意志主体的大自在。

近代雕塑的总趋势也正是要把故事、戏剧、历史都从雕塑上排斥出去，连人和兽的形象也排除了，只留下其存在的基本形态。为一块巨石打出几个面，让观众自己去体验它存在的意味。

神像雕塑和现代抽象雕塑都可以算作一种形而上学。罗丹的雕塑却可以算作一种历史辩证法，一种个体的历史观。但是这历史观的背后仍然有形而上学，以存在的意志为基础，那是雕塑的精髓。没有这一基础，雕塑是"站不起来"的。

如果不表现存在的意志，那么就根本不需要雕塑。

熊秉明
《关于罗丹——日记摘抄》
雄狮图书，1986年

图片目录与出处

封面

《加来义民》中的*Pierre de Wissant*，表面经过处理的石膏模型。作于1889年。巴黎，罗丹纪念馆。

封底

罗丹在《地狱之门》前，左手按在一座青铜头像上。巴黎，罗丹纪念馆，照片编号249。

扉页

1：《加来义民》细部，表面经过处理的石膏模型。作于1889年。巴黎，罗丹纪念馆，编号S153。

2—3：《加来义民》。同上。

4：《加来义民》中的*Pierre de Wissant*。同上。

5：《加来义民》中的*Jean d'Aire*。同上。

6：《加来义民》中的*Pierre d Andrieu*。同上。

7：《皮埃尔·德·维桑与雅克·德·维桑》中的右手。青铜像。1885—1886年。巴黎，罗丹纪念馆，作品编号RFR59。

9：罗丹安置《收拢的手》和《哀求的人像》的石膏模型。时为1906年12月。巴黎，罗丹纪念馆，照片编号671。

第一章

10：1862年的罗丹。Charles Aubry摄影。巴黎，罗丹纪念馆，照片编号54。

11：皇家绘画学院的入口

12上：1885年左右的让-巴蒂斯特·罗丹。巴黎，罗丹纪念馆，照片编号5。

12下：巴黎警察局任用让-巴蒂斯特·罗丹为雇员的证书。1827年。同上。

13：让-巴蒂斯特·罗丹夫人。Thiébault摄影。同上，照片编号1。

14上：《勒科克·德·布瓦博德朗》。罗浮宫博物馆。

14左下：马的腿部骨骼和肌腱。素描。1870年前。巴黎，罗丹纪念馆，作品编号D236。

14右下：《持短棍的男子》。素描习作，炭笔，水纹纸。1854至1857年间。同上，作品编号D5104。

15上：古画临摹作品。铅笔、钢笔加淡彩，水纹纸。1854至1857年间。同上，作品编号D5103。

15下：罗丹的皇家博物馆出入证。巴黎，罗丹纪念馆。

16：《画展评委》，油画。Gervex（1852—1929）作。巴黎，d'Orsay博物馆。

17上：《戴鸭舌帽的男子》，罗丹铅笔自画像。1860年左右。巴黎，罗丹纪念馆，作品编号D119。

17下：《让-巴蒂斯特·罗丹》，青铜胸像。同上，照片编号2310。

18左上：罗丹与富尔凯。Braun摄于1862年。同上，照片编号163。

18右上：巴黎街景：辟建雷纳街。取自《插图集》，1868年。巴黎，装饰艺术图书馆。

18—19：让-巴蒂斯特·罗丹给儿子的信——"关于工作问题"。巴黎，罗丹纪念馆。

20左：罗丹与姐姐玛丽娅。摄于1859年。同上，照片编号2。

20—21：罗丹在埃马尔神父的胸像前。Braun摄于1863年。同上，照片编号160。

第二章

22：1864年的罗丹。Charles Aubry摄影。巴黎，罗丹纪念馆，照片编号3。

23：署名卡里埃-贝勒斯的雕塑作品，实际上由罗丹制作。巴黎，罗丹纪念馆。

24：《戴簪花草帽的少女》，陶土雕塑。1865年。同上。

25左上：《卡里埃-贝勒斯》。Daumier画。巴黎，Petit Palais博物馆。

25右上：巴里，照片。

25下：《小姑娘》，石膏像。1869年。巴黎，罗丹纪念馆。

26：《塌鼻人》，石膏模型。德吕埃摄影，1864年。同上，照片编号2299。

27上：《塌鼻人》，带底座的大理石像。1864年。巴黎，罗丹纪念馆。

27下：布鲁塞尔旧交易所。照片。

28—29：素描，炭笔、钢笔加淡彩。约作于1875—1876年。巴黎，罗丹纪念馆，作品编号D274至D279。

30：《青铜时代》的模特儿奈伊。Marconi摄影，1877年。同上，照片编号269。

31左：《青铜时代》，石膏模型。Marconi摄影，1876年。同上，照片编号269。

31右：《青铜时代》，青铜像。巴黎，d'Orsay博物馆。

32右：《行走的男子》与《施洗者约翰》的模特儿Pignatelli。照片。巴黎，国立高等美术学院。

33上：《行走的男子》半身像，石膏模型。巴黎，罗丹纪念馆，照片编号2193。

33下：《行走的男子》，青铜像。巴黎，d'Orsay博物馆。

第三章

34：罗丹在工作室，身后为《亚当》和《永恒的春天》。照片。1887年。由J.Lipscomb收藏。

35：一组石膏塑像。巴黎，罗丹纪念馆。

36：《地狱之门》草图。约1880年。同上，作品编号D1963。

37下：《地狱之门》，黏土雏形。巴黎，罗丹纪念馆。

38上：讽刺罗丹的漫画。Fernand Paillet画。约1900年。

38下：紧抱在一起的男女，《地狱之门》画稿。

约画于1880年。

39左：《乌哥利诺及儿子们》（《地狱之门》一部分）画稿。巴黎，罗丹博物馆，编号D7627。

39右：穿着沾上石膏的灯芯绒上衣的罗丹。照片。1880年。同上，照片编号311。

40：《地狱之门》细部，青铜像。巴黎，罗丹纪念馆。

41：《地狱之门》，青铜像。同上。

42：《思想者》，石膏像。Bulloz摄影。同上。

43左：《地狱之门》中的《思想者》，青铜像。同上。

43右：《思想者》，放在罗丹工作室架子上的黏土小样。同上，照片编号289。

44上：《当年的美人奥尔米爱》，石膏像。1885年。同上。

44下：《乌哥利诺及儿子们》，青铜像。1882年。同上。

45左：《亚当》，青铜像。同上。

45右：《夏娃》，青铜像。约作于1880年。巴黎，罗丹纪念馆。

46（由左至右）：

　(1)《普鲁斯特》，石膏胸像。同上，照片编号1428。

　(2)《罗歇·马克斯》，石膏胸像。同上，照片编号234。

　(3)《洛朗》，青铜胸像。同上。

　(4)《达卢》，石膏胸像。同上，照片编号2272。

47上（由左至右）：

　(1)《米尔博》，石膏像。1884年。同上，照片编号2175。

　(2)《卡里埃-贝勒斯》，黏土像。同上，照片编号636。

　(3)《夏凡纳》，青铜像。同上。

　(4)《维吉尼娅夫人》，大理石像。同上。

47下：罗丹像。Braun摄影。巴黎，罗丹纪念馆，照片编号D5358。

48—49：雨果的头部素描，罗丹创作胸像雕塑时的画稿。巴黎，罗丹纪念馆，编号 D5358。

48左下：《雨果》胸像侧面，后面为罗丹。Bodmer约摄于1883年。同上，照片编号353。

49上：《雨果》，镌版画。

49下：《雨果》胸像，青铜像。

50上：卡米耶·克洛岱尔。作于1884年。

50下：卡米耶·克洛岱尔的头与Pierre de Wissant的左手，石膏像。巴黎，罗丹纪念馆。作品编号A349。

51：《沉思》，以卡米耶·克洛岱尔为原型。大理石像。巴黎，罗丹纪念馆。

52：《吻》（细部），大理石雕像。同上。

53：《吻》（细部），大理石雕像。同上。

54：《吻》（细部），大理石雕像。同上。

55：《吻》（细部），大理石雕像。同上。

56—57：《吻》，大理石雕像。同上。

57右上：罗丹工作室中的大理石雕像《吻》。同上，照片编号373。

58左：《黎明》，以卡米耶·克洛岱尔为原型。大理石像。巴黎，罗丹纪念馆。

58—59：卡米耶·克洛岱尔在雕塑。同上，照片编号1773。

59右：《永恒的偶像》，石膏像。巴黎，罗丹纪念馆。

60：Pierre de Wissant，裸体像。Bodmer摄影。1886年。同上。

60下：《加来义民》第一份小样，石膏原作。1884年。同上。

60右：Pierre de Wissant，石膏像。同上。

61左：Pierre de Wissant，在库贝丹浇铸工场准备浇铸的情形。

61右：Pierre de Wissant，青铜像。巴黎，罗丹纪念馆。

62：Jean d'Aire，正面，黏土塑像。Bodmer摄影。同上，照片编号323。

63左：Eustache de Saint-Pierre，黏土塑像。在罗丹的工作室。Bodmer摄影。巴黎，罗丹纪念馆，照片编号936。

63右：Eustache de Saint-Pierre，黏土塑像，经罗

丹修改过的照片。Pannetier摄影。同上，照片编号317。

第四章

64：《巴尔扎克》，背景为夜色中的默东。斯泰肯摄影。巴黎，罗丹纪念馆，照片编号226。

65：讽刺罗丹的漫画，左右分别为法尔吉埃和罗丹为巴尔扎克塑的像。

66上：巴尔扎克，照片。巴黎。

66下：《巴尔扎克》，镌版画。

67：罗丹全身像。德吕埃摄于1914年2月。巴黎，罗丹纪念馆，照片编号881。

68：《巴尔扎克》，着睡袍之习作。同上，照片编号1209。

69左：《巴尔扎克》习作。作于1891至1898年间。同上，作品编号D5325。

70上：马拉美。Nadar摄影。

70下：莫奈于1898年6月30日写给罗丹的信。

71：1898年巴黎沙龙展期间展出的《巴尔扎克》。德吕埃摄影。巴黎，罗丹博物馆，照片编号375。

72：《巴尔扎克》，青铜头像。同上。

73：《巴尔扎克》，青铜像。放置于巴黎的巴尔扎克广场。

74左：卡米耶·克洛岱尔。私人收藏。

74右：罗丝·伯蕾。巴黎，罗丹纪念馆，照片编号1443。

74下：默东光泽别墅。同上，照片编号1279。

75：《罗丹》，克洛岱尔雕塑的胸像。

76上：《加来义民》在默东，石膏像。Druet摄影。巴黎，罗丹纪念馆，照片编号1362。

76下：《雨果》纪念像1909年的揭幕仪式。同上，照片编号706。

77：《雨果》纪念像1891年在沙龙展出。同上，照片编号354。

第五章

78：罗丹，彩色照片。斯泰肯摄于1907年。纽

约大都会博物馆。

79：《大教堂》，石膏像。巴黎，罗丹纪念馆。

81上：《雨果》胸像，被安放在默东阿尔玛陈列馆的廊柱前。同上，照片编号1306。

82上：坐着的女人，铅笔淡彩。同上。

82下：罗丹在为一位柬埔寨舞女画速写。私人收藏。

83上：让罗丹倾倒的花子。巴黎，罗丹纪念馆。照片编号190。

83下：以尼津斯基为原型的舞蹈雕塑，石膏像。1912年。巴黎，罗丹纪念馆。

84上：《舒瓦瑟尔侯爵夫人》，青铜像。巴黎，罗丹纪念馆，照片编号2297。

84—85：罗丹与大理石雕像《上帝之手》。同上，照片编号372。

85左：《安娜·德·诺阿耶》，黏土塑像。同上，照片编号2317。

85中：《辛普森夫人》。同上，照片编号971。

85右：《费尔法克斯夫人》，大理石胸像。同上，照片编号382。

86—87：叉开双腿半躺的女人，铅笔淡彩。同上，编号D4994。

92：里尔克在比隆公寓。1908年。同上，照片编号694。

92—93：1900年的比隆公寓。

93上：罗丹与一尊埃及小雕像。1914年（？）。巴黎，罗丹纪念馆，照片编号833。

94—95：罗丹的葬礼，1917年。同上，照片编号710。

96：罗丹在默东。助手利梅摄于1912年前后。同上，照片编号47。

见证与文献

97：《众神的信使伊丽斯》，青铜像。巴黎，罗丹纪念馆。

98：罗丝头像，石膏模型。同上，照片编号2156。

99：卡米耶·克洛岱尔。1889年。Cēsar摄影。同上。

103：罗丹和舒瓦瑟尔夫人在比隆公寓。

Manuel摄于1910年前后。同上，照片编号56。

112：罗丹与辛普森夫人，1903年。同上，照片编号678。

114：罗丹站在门前，身后是《沉思》。

115上：《雨果》胸像与《冥想》石膏像。Haweis与Coles摄影。同上，照片编号260。

115下：工作室里的胸像。同上。

116：默东的工作室。同上。

124—126：在库贝丹浇铸工场浇铸《小农牧神》时的各个步骤。

索引

图书在版编目（CIP）数据

　　罗丹：激情的形体思想家 /（法）比奈（Pinet, H.）著；周克希译.
— 长春：吉林出版集团有限责任公司，2015.1
　　（发现之旅）
　　ISBN 978-7-5534-6311-7

　　Ⅰ．①罗…　Ⅱ．①比…　②周…　Ⅲ．①罗丹，A.（1840～1917）
—生平事迹　Ⅳ．①K835.655.72

　　中国版本图书馆CIP数据核字（2014）第292395号

吉林省版权局著作权合同登记
图字 07-2014-4419

发现之旅 08
LUODAN JIQING DE XINGTI SIXIANGJIA
罗丹：激情的形体思想家

　　　　　　　　　　　　　　　　　　　　　　　　[法] 埃莱娜·比奈 著
　　　　　　　　　　　　　　　　　　　　　　　　　　　周克希 译

出版策划：	刘　刚　孙　昶	
项目执行：	孙　昶	
项目助理：	赵晓星　刘虹伯　邓晓溪	
责任编辑：	刘晓敏	
责任校对：	王诗剑　邓晓溪　温穆宁	
出　　版：	吉林出版集团有限责任公司（www.jlpg.cn/yiwen）	
	（长春市人民大街4646号，邮政编码：130021）	
发　　行：	吉林出版集团译文图书经营有限公司	
	（http://shop34896900.taobao.com）	
电　　话：	总编办：0431-85656961　　营销部：0431-85671728	
印　　刷：	吉林省吉广国际广告股份有限公司	
开　　本：	880mm×1230mm　　1/32	
印　　张：	4.375	
字　　数：	160千字	
图 幅 数：	150	
版　　次：	2015年1月第1版	
印　　次：	2015年1月第1次印刷	
印　　数：	1—6 000册	
书　　号：	ISBN 978-7-5534-6311-7	
定　　价：	35.00元	